{ **모든 마케터는 사업가다** }

컨셉과 숫자로
기업의 생존을 이끄는
최고의 마케팅 수업

MARKETING

{ 모든 마케터는 사업가다 }

소선중 지음

다산
북스

추천사

기업을 운영하며 가장 자주 던지는 질문이 바로 "이 마케팅이 진짜 성과로 이어지고 있는가?"이다. 매출은 정체되는데 광고 예산만 늘고, 콘텐츠는 화려한데 실적은 변하지 않을 때마다 마케팅의 본질에 대한 의문이 들었다.

이 책은 그런 의문에 속 시원한 해답을 주는 몇 안 되는 실전 지침서다. 마케팅을 단지 '노출'이나 '광고'가 아닌, '사업의 본질'로 접근하자고 말하는 이 책의 메시지는 조직 전체의 시각을 바꾸는 힘이 있다. 읽는 내내 '이건 우리 마케터들이 꼭 읽어야 한다'라는 생각과 동시에, '경쟁사의 마케터들만큼은 절대 이 책을 알면 안 되겠다'라는 위기감이 들었다. 마케팅팀의 성과를 고민하고 있는 모든 대표님들께, 그리고 자신의 일을 진지하게 돌아보고 싶은 모든 마케터분들께 이 책을 강력히 추천한다.

_정식품 정연호 대표

디지털 커머스가 폭발적으로 성장하며 '누구나 브랜드를 만드는 시대'가 되었다. 오프라인 대비 낮은 진입 장벽 덕분에 경쟁은 극심해졌고, 상품 노출을 검색에 의존해야 하는 디지털 환경에서 투자 대비 효율(ROI)은 갈수록 하락하고 있다. 이러한 현실 속, 저자가 던지는 '사업하는 마케터'라는 컨셉은 이 시대 마케팅의 핵심을 꿰뚫는 질문이다.

"브랜드 인지도 향상을 위한 투자가 필요합니다!"라는 주장이 공허한 메아리로 남지 않으려면, 사업가적 마인드를 가진 마케터로서 다음 세 가지 질문에 명확히 답할 수 있어야 한다.

첫째, 마케팅 투자를 정당화할 만한 압도적인 제품력을 갖추었는가?

둘째, 브랜딩을 이끌어갈 '뾰족한' 차별화 컨셉이 준비되었는가?

셋째, 투자금 회수(ROI)를 위한 구체적인 영업 및 마케팅 실행 계획이 수립되어 있는가?

단순히 조회수나 트래픽 유도만을 마케팅의 전부라 오인하는 현실에서, 진정한 성장과 수익 창출을 원하는 마케터는 물론, 사업의 본질적인 목표를 공유하고자 하는 영업 전문가에게도 이 책의 필독을 권한다.

_애경산업 생활글로벌사업부 윤승현 사업부장

시장과 고객, 그리고 회사를 바라보는 실전 개념을 차곡차곡 쌓아주는 저자만의 통찰력이 이 책에 살뜰하게 담겨 있다. 마케팅 실무자 시절, 나 역시 주로 책상 위에서 수행하는 여러 업무에 대한 회의감을 가지고, 사업에 실질적으로 기여할 방법을 찾기 위해 여러 마케팅 서적을 한참을 찾아다녔던 기억이 있다. 이 책은 바로 이 지점에서 빛을 발한다. 저자가 현장에서 축적한 경험을 단순한 노하우에 그치지 않고, 생생한 사례와 단단한 이론으로 쉽고도 명료하게 풀어냈기 때문이다. 특히 영업부터 브랜드 매니저를 거쳐 전략기획까지 실제 조직의 여러 업무를 두루 경험한 입장에서, 이 책이 제시하는 '사업하는 마케터'라는 관점은 단순한 슬로건이 아니라 실행력을 높이는 조직 운영의 언어가 된다는 점이 큰 울림으로 남는다. 요즘 같은 충족과 포화의 시대에 성장과 생존을 치열하게 고민 중인 사람이라면 반드시 곁에 두고 여러 번 펼쳐봐야 하는 책이다.

_매일유업 TM부문 박윤종 리더

지금
내가 하고 있는 건
마케팅일까?

"마케팅을 뭐라고 정의하시나요?"

마케팅 교육을 들으러 온 수강생에게 저는 항상 이 질문을 던집니다. '업의 개념'을 얼마나 잘 정의하고 있는지 알아보기 위한 질문입니다. 대부분의 마케터는 유창한 언변으로 지금껏 익힌 다양한 지식을 활용해 그럭저럭 괜찮은 답을 내놓습니다.

"고객에게 필요한 가치를 찾아서 만족시키는 것이죠."
"소비자가 원하는 제품과 서비스를 기획하고 만드는 것이요."
"고객과 좋은 관계를 형성하고 관리하는 것입니다."
"제품을 잘 알리고 홍보해서 더 많이 팔리게 하는 것이요."

그럼 저는 이어서 한 가지를 더 질문합니다.

"그렇다면 지금 마케팅을 하고 계시나요?"

두 번째 질문에는 많은 사람의 말문이 막힙니다. 머쓱하게 "글쎄요"와 같은 말로 얼버무리기도 합니다. 매정한 말일지 모르지만 이처럼 곧장 대답이 나오지 않는 건, 제대로 생각해 본 적이 없기 때문입니다. 마케팅의 학술적 정의는 어느 정도 알고 있지만, 마케팅의 직무적 개념은 정립해 보지 않은 것입니다.

저도 마케팅에 대한 제대로 된 이해 없이 무작정 노력만 하던 때가 있었습니다. 갑작스레 마케팅 직무를 맡게 되어 눈앞의 일을 열심히 헤쳐나갔던 것입니다. 그러던 어느 날, 경영 활동으로서의 마케팅을 접하게 되었습니다. 제가 그동안 마케팅을 너무도 잘못 알고 있었다는 사실에 머리를 맞은 것 같았습니다. 그 이후에 '진짜 마케팅'을 하기 위한 성장통이 시작됐지요. 어쩌면 과거의 저처럼 답답한 마음을 품고 있을 여러분을 위해 제가 겪었던 고민의 과정을 조금 나눠보려 합니다.

저는 다수의 마케터를 배출하는 광고 홍보학과를 졸업했습니다. 대학에서 강의를 들으며 광고야말로 마케팅의 꽃이라는 생각을 품게 되었습니다. 전공 수업 중에 '2% 부족할 때'라는 롯데칠성음료 신제품 광고를 보며 가슴이 벅찼던 기억이 아직도 선명히 남아 있습니다. 연출과 모델, 카피와 음악 무엇 하나 부족한 것이 없는 잘 만든 광고였습니다. 그 수업을 듣고 제품을 잘 알리기 위해서는 무엇보다 광고가 중요하다는 생각이 제 안에 자리 잡게 되었습니다.

하지만 대학교 3학년 휴학 중에 CJ제일제당에서 아르바이트를 하며 생각이 완전히 뒤바뀌었습니다. 대기업의 마케팅 필드에 들어가 보니, 제가 학교에서 배우고 믿었던 것과는 다른 차원의 일이 펼쳐져 있었습니다. 업무 범위도, 의사 결정 체계도, 심지어는 성과 측정 방식도 너무나도 달랐습니다. 그곳에서 마케터는 브랜드 매니저 혹은 BM(Brand Manager)이라고 불렸는데, 그들은 직장인이지만 사업의 주체로서 일하고 있었습니다. 회사가 자신에게 맡긴 사업을 관리하는 셈이었지요.

제가 있었던 부서는 '팻다운'이라는 다이어트 건강기능식품을 운영하는 마케팅 조직으로, 팀 이름은 FFBM(Functional Food Brand Manager)이었습니다. 분명 대학에서 배운 대로라면 판매할 제품은 정해져 있고, 이 팀은 그저 이미 만들어진 제품의 광고나 프로모션을 기획하고 관리하는 일을 하는 게 맞았습니다. 하지만 이 팀의 구성원들은 신제품을 기획하고, 판매 실적을 점검하고, 제품 재고를 관리하고 유통 채널별 판매 가격을 분석하고 있었습니다. 그야말로 사업의 전 과정을 책임지고 있었던 셈입니다.

광고의 영향력 또한 제 생각과는 다른 부분이 있었습니다. 마케

모든 마케터는 사업가다

팅 상황을 곁에서 지켜보니 훌륭한 광고 없이도 제품을 성공적으로 판매하는 일이 일어나곤 했습니다. 반대로 뛰어난 광고를 선보이고도 실제 사업 실적은 끌어 올리지 못하는 경우도 많았습니다. 광고만으로 사업이 바뀌지 않는다는 걸 확인한 저는 마케팅 개념이 완전히 뒤바뀌는 충격을 받았습니다. 하지만 사업 환경을 분석해 전략을 수립하고, 사내외 유관 부서의 컨트롤타워가 되고, 사업 실적에 대한 책임을 기반으로 의사 결정을 하는 이 마케터라는 직업이 이전보다 더 매력적으로 다가왔습니다.

대학을 졸업한 후 저는 CJ제일제당 식품 사업 부문의 영업 조직에 정규직으로 입사하게 되었습니다. 그곳에서 3년간 영업 조직의 판매 실적과 손익을 관리하는 세일즈 애널리스트(Sales Analyst)로 근무했고, 이후 4년 동안은 대형 슈퍼마켓과 편의점 등의 영업 사원으로 일하며 현장 경험을 쌓았습니다.

그리고 입사 7년 차에 꿈에 그리던 마케팅 조직으로 부서를 옮겨 브랜드 매니저가 되었습니다. 오랫동안 동경하던 직무였던 만큼 꿈에 부풀어 일을 시작했습니다. 영업 조직에서 일하며 제품이 유통되고 소비되는 현장을 경험해 봤다는 강점이 제게는 있다고 생각했습니다. 하지만 사내의 다른 마케터보다 직무를 늦게 시작한 만큼 배워야 할 내용이 많은 것도 사실이었습니다. 모르는 부분을 일일이 물어보며 배우기에는 눈치가 좀 보이는 연차였습니다. 혼자서라도 마케팅 직무를 더 익히고 싶다는 마음에 외부 마케팅 교육 과정을 찾아보기도 하고, 관련 강의를 신청하기도 했습니다. 하지만 이내 마케팅을 한다는 게 무엇인지, 나아가 마케팅을 잘한다는 게 무엇인지를 알려주는 교육 과정이 국내에 충분하지 않다는 사실을 깨닫게 되었습니다. 이후 10년 동안 CJ제일제당 건강식품사업부, 광동제약F&B, 매일유업 등에서 마케터로 일하면서도 수없이 고민하고 수없이 도전해 왔습니다.

어쩌면 그간 제가 느꼈던 막막함 때문에 17년간의 직장 생활을 마치고서 마케팅 교육과 컨설팅을 전문으로 하는 회사를 운영하게 됐는지도 모르겠습니다. 회사를 운영한 것도 이제 올해로 4년째가 되었습니다. 그간 수많은 후배들을 마주하고, 마케팅을 의뢰하는 기업들을 겪으며 스스로에게 끊임없이 질문을 던져왔습니다.

마케팅이란 무엇인가?
마케터란 누구인가?
내가 상대해야 하는 마켓은 무엇인가?

질문의 답을 찾아 헤맨 끝에 이 책을 준비하게 되었습니다. 그동안 제가 겪어왔던 지난한 고민의 시간을 이 책에 고스란히 담았습니다.

모든 마케터는 사업가다

마케팅을 이미 만들어진 제품이나 서비스를 알리고 홍보 이벤트를 진행하는 단순한 직무라고 이해하고 있나요? 그저 온라인 콘텐츠나 광고의 조회수, 클릭 수를 올리는 게 마케터의 일이라고 생각하고 있지는 않나요? 더 좋은 마케터가 되고 싶다는 마음은 가득한데, 무엇을 해야할지 모르고 방황하는 후배들에게서 과거의 제 모습을 비춰보고는 합니다. 열정적인 마케터들이 단순히 광고와 콘텐츠를 위한 기술을 고민하는 것에만 갇히지 않고, 보다 넓은 경영적·사업적 관점에서 마케팅을 바라보며 일의 의미를 찾을 수 있었으면 합니다.

C O N T E N T S

PART 1
사업하는 마케터가 된다는 것

CHAPTER 1   나는 진짜 마케팅을 하고 있는가?

PART 2
왜 고객이 우리를 선택해야 하는가?
사업하는 마케터의 생존 도구 ① 컨셉

CHAPTER 2 왜 컨셉인가?

CHAPTER 3 성공하는 마케팅 컨셉의 8가지 법칙

PART 3
호랑이는 가죽을 남기고,
마케터는 이윤을 남긴다
사업하는 마케터의 생존 도구 ② 손익 관리

CHAPTER 4 마케터가 왜 손익 관리까지 알아야 하는가

PART

1

MARKETING

사업하는 마케터가 된다는 것

나는 진짜
마케팅을
하고 있는가?

01

마케터도
'전문직'이라는 신념으로

마케팅의 거장 필립 코틀러(Philip Kotler)는 마케팅을 '기업이 고객을 위해 가치를 창출하고 전달하여 강한 고객 관계를 구축하고 그 대가로 고객들로부터 상응한 가치를 얻는 과정'이라고 정의합니다. 미국 마케팅협회에서는 '소비자, 고객, 파트너, 사회 전반에 걸쳐 가치 있는 제공품을 제작, 소통, 전달 및 교환하기 위한 활동, 기관 집합 및 프로세스'로 정의합니다. 한국 마케팅협회 또한 마케팅을 '조직이나 개인이 자신의 목적을 달성시키는 교환을 창출하고 유지할 수 있도록 시장을 정의하고 관리하는 과정'이라고 정의를 내리고 있습니다.

이제 여러분께 다시 질문을 던져보겠습니다.

"그렇다면 지금 마케팅을 하고 계시나요?

이 질문에 주저하지 않고 "네"라고 답변을 할 수 있는 분이라면 마케팅 직무에 대한 개념이 명확하게 정립되어 있는 것입니다. 그렇게 대답하지 못한다면, 마케팅에 대한 이론적 개념은 어느 정도 정립되어 있지만 실제 수행과 관계된 직무적 개념은 아직 불명확하거나, 상대적으로 담당하는 업무의 범위가 좁기 때문입니다.

제가 생각하는 마케팅의 본질적인 정의는 마케팅(marketi ng)의 영문 철자 그대로가 지닌 의미에 기반합니다. 저는 마케팅을 '시장 활동을 하는 것'이라고 정의합니다. 제품을 사고파는 '시장(market)'과 '어떤 활동을 하는 것(~ing)'의 의미에 집중한 것입니다. 조금 더 구체적으로 부연 설명을 한다면 '제한된 자원과 이루고 싶은 목표를 바탕으로 시장의 기업, 제품, 사람 등의 대상에게 가치를 만들어내는 활동'이라고 할 수 있겠지요. 여기서 가리키는 '가치'란 경쟁재보다 더 좋거나 경쟁재와 차별화된 것, 소비자에게 필요하고 그래서 도움을 줄 수 있는 것, 또는 시장에 존재하지 않던 새로운 것 등을 의미합니다.

그렇다면 '시장'은 어떻게 정의할 수 있을까요? 사전적 개념으로 설명하면 시장이란 판매자와 구매자의 재화 교환을 통한 거래가 이뤄지는 추상적 공간입니다. 경제학에서 정의하는 시장은 물건을 사고파는 장소적 공간만이 아니라, 상품이나 서비스에 대한 모든 정보가 집결되고 유통되는 관계를 포괄적으로 의미하기도 하지요. 경영학에서는 소비자의 불편(Unmet-needs)을 충족시킴으로써 기업의 수익성과 지속 가능한 성장을 만들어내는 복합적인 생태계라고 정의하기도 합니다.

저 역시 마케터의 관점에서 마켓을 '기업과 소비자가 질서를 기반으로 관계를 맺는 모든 공간'이라고 정의합니다. 여기서 얘기하는 질서란 정부의 각종 법규와 규제, 산업군이 지닌 특징, 수요에 따른 공급과 가격 변화 같은 경제학적 법칙이나 사회적 흐름 등을 의미합니다.

마케팅이 이런 시장 활동으로 정의되는 것처럼, 마케팅을 구성하는 요소 역시 시장 활동에 필요한 것으로 정의할 수 있습니다. 우리가 흔히 시장에서 볼 수 있는 것들을 생각해 보면 쉽습니다. 팔고 있는 물건(제품, Product)이 있고, 물건을 사고파는 공간과 진열되어 있는 자리(유통, Place)가 있습니다. 진열된 물건의 가격표(가격, Price)도 있고, 덤이나 증정, 할인 같은 각종 행사 현수막과 팸플릿 같은 광고물로 판촉 활동(촉진, Promotion)을 하는 것도 볼 수 있죠. (이를 마케팅의 4P라고 부릅니다.) 각각의 시장 활동 요소는 서로 밀접하게 연결되어 있습니다. 이런 요소들을 복합적으로 고려해 가장 높은 효율로 성과를 내기 위해 수많은 의사 결정이 끊임없이 이루어지는 곳이 바로 마케팅 현장입니다.

어느 시골의 오일장에서 인삼 같은 건강식품을 판다고 상상해 볼까요? 경제적으로 여유가 있는 60세 이상의 여성이 본인과 남편의 건강을 위해 관련 식품을 구매해 먹는 상황을 가정해 보는 것(타기팅, targeting)부터 시작해야겠지요. 그러면 그들이 선호할 만큼 오래된 연근(年根)을 가진 튼실한 인삼 열 뿌리를 골라, 근사한 상자에 담아 고급스러운 보자기로 포장합니다. 가격은 시골의 물가와 원가를 고려해 10만 원이 넘지 않도록 책정하고, 고령인 여성의 일반적인 키를 고려한 높이에 제품을 진열하고, 2만 원짜리 저렴한 알로에를 파는 매장 옆에 자리 잡아 제품이 두드러져 보이게 합니다. 고급스러운 이미지를 보유한 인기 트로트 가수 임영웅의 노래를 틀어 이목을 집중시키고, 정상가 19만 9,000원짜리 고급 인삼을 이번 달만 9만 9,000원에 특별 할인한다는 커다란 문구를 적어 판촉물로 활용합니다.

이처럼 재화를 사고파는 과정에서 오감으로 느끼는 모든 것이 시장 활동의 요소이자 마케팅 요소가 됩니다. (현대 마케팅의 핵심 이론이 마케팅 4P라고 하는 이유도 이와 궤를 같이합니다.) 결국 마케팅이란 어떤 것을 만들어서, 어디에다가, 얼마의 가격에, 어떻게 팔지를 결정하는 수많은 의사 결정 과정이라고 생각해 볼 수 있겠습니다.

일반인이 판사나 검사와 법학적 지식으로 논쟁하지 못하고 의사에게 의술에 대한 판단을 전적으로 맡기는 이유는, 그들이 전문가이기 때문입니다. 이제 이름을 정하고, 제품을 소싱해 오고, 가격을

모든 마케터는 사업가다

책정하고, 광고를 돌리는 일들을 마케터가 아니어도 누구나 할 수 있는 시대가 되었습니다. 동네 치킨집 사장님도 다양한 업무 툴이나 광고 프로그램, 각종 어플리케이션과 외부 인력 소싱 플랫폼을 활용해 마케팅을 쉽게 할 수 있습니다. 이런 상황에서 최소한 '마케터'라는 직업을 가진 사람이라면, 그들보다는 압도적으로 뛰어난 역량을 지녀야 하지 않을까요?

저는 마케터 역시 전문가, 전문직이라는 신념을 갖고 있습니다. 이는 단순히 마케팅 기술과 스킬을 갖춘 수준이 아닌, 더 넓고 깊게 시장을 바라보는 '시장 활동의 전문가'가 되어야 한다는 의미입니다. 이는 마케팅 직무에 종사하며 급여를 받고 조직 생활을 하는 회사원부터 마케팅 관련 업계에서 사업을 하는 프리랜서 및 대표에게까지 모두 적용되는 기준입니다.

마케터가 시장의 다양한 요소를 반드시 알아야 한다는 사실이 때로는 버겁게 느껴질지도 모르겠습니다. 그럴 때 이겨내는 방법은 하나입니다. '사업가적 시각'으로 시장을 바라보는 것입니다. 생산, 디자인, 물류, 광고와 같은 세부적인 실무는 그 밸류 체인의 사내외 전문가에게 맡기고, 보다 시야를 넓혀 사업과 조직 성과에 도움이 되는 정확한 가이드와 의사 결정을 해줄 수 있어야 합니다.

AI를 비롯한 기술이 지속적으로 발전하며 점점 사람이 하는 일이 사라져 가고 있다고 합니다. 마케팅 실무 영역에서도 AI를 이용해 영상을 제작하고, 브랜드 로고를 만들고, 음악과 음성을 입히고,

각종 디자인 작업을 하는 등 직무 스킬의 대변동이 진행 중이지요. 저는 기술 발전이 계속 가속화된다 하더라도 결국 사업의 '의사 결정'을 하는 주체는 사람일 것이라고 감히 예상해 봅니다. 그렇기에 마케터는 풍부한 성공 및 실패 경험과 객관적 지표를 바탕으로, 인사이트에 기반한 합리적인 마케팅 '의사 결정'을 하는 사람이 되어야 한다고 생각합니다.

　단순히 광고 카피를 한 줄 더 쓰고, 예쁜 섬네일 이미지를 만들고, 광고 효율을 높이기 위한 수치를 바꾸는 등의 '기술자'가 되지 않으시길 바랍니다. 이러한 기술은 결국 AI가 훨씬 더 빠르게, 효율적으로 잘해낼 시대가 멀지 않았습니다. 마케터는 반드시 기술자나 예술가가 아닌 '사업가'가 되어야 합니다.

02 조회수가 잘 나오면
마케팅을 잘하는 걸까?

흔히 사람들은 마케팅을 물건을 잘 팔기 위한 광고나 홍보 활동을 하는 것, 브랜드의 유튜브나 블로그를 운영하는 것, 제품의 상세 페이지 문구나 콘텐츠를 만드는 것 정도라고 여깁니다. 브랜드를 만들고 네이밍이나 디자인을 하는 것이 마케팅이라고 생각하는 사람들도 있습니다. 그래서 제품을 기획하고 개발하고, 유통 채널을 수립하고, 적절한 가격을 책정하고 그에 따른 손익을 예측하는 일을 마케팅의 범주가 아닌 개발과 영업, 회계의 범주로 각각 구분하기도 합니다.

　마케팅 컨설팅을 진행하다 보면, 여전히 많은 고객이 마케팅을 '이미 만들어진 제품이나 서비스를 알리고 홍보 이벤트를 하는 직무'라고 이해하고 있다는 걸 알게 됩니다. 그들은 자신이 고용한 마케팅팀 직원에게도 그 수준과 범위의 업무를 요구하고 있습니다. 그래서 어떤 대표님들은 마케팅팀을 돈 쓰는 부서로 여겨 실적이 감소하면 마케팅팀부터 질책하며 인원을 단축하고는 합니다. 이를테면 생산팀은 제품을 만들고, 영업팀은 매출을 올리는데, 마케팅팀은 상대적으로 하는 일이 없다고 느끼는 것이지요.

그렇다면 실제로 마케팅하는 사람들은 '마케팅'이 무엇이라고 생각할까요? 또 우리가 생각하는 '마케팅 잘한다'의 기준은 무엇일까요?

우리나라 마케팅업의 근황을 살피다 보면, 마케팅의 본질을 잃은 것 같아 개인적으로 안타깝게 느껴질 때가 많습니다. 대표적으로 코로나 시대를 거치며 퍼포먼스 마케팅(메타, 네이버 디스플레이 광고 등 마케팅 지표를 기반으로 마케팅 캠페인의 문제점과 개선점을 도출하고 클릭수, 판매액, 노출량과 같은 측정 가능한 성과를 극대화하는 마케팅의 한 형태)이나 콘텐츠 마케팅(브랜드 자산의 확보를 위해 고객의 문제를 해결해 주거나 공감을 이끌어주는 콘텐츠를 제작하고 배포하는 마케팅 전략의 한 형태)처럼 디지털을 기반으로 한 온라인 광고나 프로모션 활동을 마케팅과 동일시하는 추세가 강해진 것 같습니다. 마케팅과 관련된 칼럼이나 교육 내용도 디지털 콘텐츠, 퍼포먼스 광고, 각종 광고 채널 운영에 대한 부분이 주를 이루고 있는 상황입니다.

그로 인해 네이버 디스플레이 광고 성과나 구글 검색 광고, 유튜브 영상 콘텐츠의 조회수, 인스타그램 콘텐츠의 댓글 수가 마케팅의 최종 성과 지표인 것처럼 보여집니다. 최근에 유행하는 밈으로 눈에 띄는 광고를 더 빨리, 재치 있게 만드는 것을 보고 마케팅을 잘한다고 인식하기도 하고요. 마케팅에 대한 잘못된 인식이 널리 전파되다 보니 마케터가 되기 위한 자질은 이른바 어그로를 끌기 위한 창의성과 예술적 감각, 온라인 광고 데이터 분석에 능한 공학적 사고에 있다고 착각하기도 합니다.

그런데 과연 콘텐츠 조회수가 높아지면 매출이 더 늘어날까요?
클릭 수가 많아지면 사업이 더 잘될까요?
댓글과 조회수가 많아지면 기업의 수익성이 좋아지게 될까요?

물론 광고 활동이나 온라인 매체 운영을 대행하는 광고업을 주로 하는 기업의 마케터에게는 일부 맞는 이야기일 수도 있습니다. 하지만 그 광고대행업체에 의뢰한 고객사를 포함한 다른 대부분의 산업군에 있는 기업은 광고의 노출량만으로는 사업 성과를 이룰 수 없는 경우가 더 많습니다.

현재 마케팅업이 이렇게 흘러가고 있다는 사실은 구직시장에서도 확인할 수 있습니다. 채용 단계에서부터 이미 콘텐츠 마케터, 퍼포먼스 마케터, CRM 마케터와 같이 직무를 세분화하고 있죠. 한 채용 플랫폼의 '2024 스타트업 채용 트렌드'의 사례로 활용된 '스타트업 마케팅 포지션 채용 비중'을 보면 콘텐츠 마케터(22.8%)를 가장 선호했고, 퍼포먼스 마케터(16.1%)를 세 번째로 원했습니다. 이들은 눈에 띄는 온라인 콘텐츠를 만들어 단기적 성과를 낼 수 있는 포지션입니다. 이들의 마케팅 방법이 적은 예산으로 높은 효율을 낼 가능성이 있다는 것은 부정할 수 없습니다.

하지만 기업의 태도를 보면 채용 과정에서는 물론이고, 입사 후에도 마케팅 업무를 마치 기술직처럼, 혹은 예술 창작가의 일처럼 여기고 있다는 것을 알 수 있습니다. 그러다 보니 마케터를 꿈꿀 때 그려왔던 이상적인 모습과 회사에 입사해 실제 수행하는 직무 사이에서 괴리감을 느끼다가 결국 퇴사를 하거나 직종을 바꾸게 되는 경우를 주변에서 적지 않게 보았습니다.

저는 기업과 개인이 마케팅을 온전히 이해하지 못하고 있기에 이러한 현상이 생긴다고 봅니다. 마케팅은 기업에서 투자한 비용과 시간을 산출해 누가, 어떻게, 얼마의 성과를 만들어낼지 예측하고 관리하는 일련의 경영적 의사 결정 과정입니다. 그렇기 때문에 만들어진 제품과 서비스를 광고하거나 홍보하는 것이 아닌, 시장을 읽고 무엇을 만들어서 팔고 알릴지 결정하는 것에서부터 시작합니다.

단순히 콘텐츠나 온라인 광고의 조회수, 클릭 수를 올리는 것만이 마케팅의 업무이며 그 숫자가 성과를 대변한다는 잘못된 인식을 깨지 않으면 '마케팅팀은 우리 제품에 대해 너무 모른다', '책상

　　　　　　　　모든 마케터는 사업가다

에 앉아서 무슨 일을 하고 있는지 모르겠다', '현장도 모르면서 인터넷에 떠도는 이상한 밈으로 장난만 한다'라는 오해를 줄이기 어렵습니다. 이러한 오해가 쌓여 마케팅의 본질을 흐리고 때로는 기업의 올바른 성장을 막게 됩니다.

마케팅은 예술이나 공학이 아닌 인간과 사회를 연구하는 사회과학에 뿌리를 두고 있습니다. 사회과학의 정의를 보면 "인간과 인간 사이의 관계에서 일어나는 사회 현상과 인간의 사회적 행동을 탐구하는 과학의 한 분야로, 논리실증주의(Logical Empiricism)에 바탕을 두고 있다"라고 합니다. 이 점은 마케팅과도 일치합니다. 마케팅 역시 사회현상에 대한 주장이 납득할 만하고(논리적이고), 관찰된 것과 일치해야(경험적으로 입증되어야) 합니다.

여기서 한 걸음 나아가 궁극적으로는 기업의 경영과 사업을 위한 활동이어야 한다는 데 바로 마케팅의 핵심이 있습니다. 즉, 마케팅 활동은 객관적이고 합리적이며 경험적 근거를 바탕으로 기업의 경영과 사업 목표 달성을 위해 수행되어야 합니다. 특히 디지털 광고가 유행한 이후부터 마케팅이 매우 창의적이고 예술적인 영역이라고 생각하는 사람이 많은데, 그런 직무는 디자인과 콘텐츠 크리에이티브의 극히 일부분에 불과합니다. 마케팅은 철저하게 자원의 효율성을 기반으로 정량적 성과를 내기 위한 기업의 합리적인 의사 결정 과정이라는 것을 다시 한번 숙지해야 할 필요가 있습니다.

그런데 안타깝게도 객관적이고 합리적인 논리와 숫자 이야기는 재미가 없습니다. 그래서 자꾸만 '어떻게 말하느냐(how to say)'에 초점을 맞춰 재미있게 전달하려고 합니다. 하지만 결국 마케팅에서 더 중요한 것은 '무엇을 말하느냐(what to say)'입니다. 마케팅은 사회과학의 영역인 만큼 말로써 우리가 제품과 기업을 신뢰하게 하고, 납득하게 하고, 합리적이라고 느끼게 하는 설득의 과정입니다. 소비자를 설득하는 말과 같은 요소를 마케팅 용어로는 RTB(Reason To Believe), 즉 신뢰 요소라고 하는데요. 소비자와의 관계에 대입해 보면 이 같은 요소는 소비자가 우리의 브랜드와 제품에 대한 정보를 받아들이고, 신뢰하고, 행동하고, 선택하는 행위에 대한 명분과 이유입니다. 정리하면 소비자가 우리 브랜드, 제품, 서비스를 선택하도록 '설득'하기 위해 꼭 필요한 요소지요.

"내가 왜 당신의 제품을 사야 하죠?"
"당신의 제품이 나한테 왜 필요하죠?"
"이 제품이 기존에 있는 것들보다 어디가 더 좋죠?"

마케터는 이런 질문에 대한 명쾌한 답과 탄탄한 신뢰 요소를 끊임없이 고민하고, 이를 마케팅 4P 활동에 일관되게 적용해야 합니다. 그래야 시장 내 수많은 경쟁재와 대체재 사이에서 강력한 논지를 세울 수 있고, 사업 성과를 내기 위한 리소스를 더욱 효율적으로 활용할 수 있습니다. 결국 마케팅은 철저하게 사는 사람의 입장에서 여러분의 아이템을 '사야 하는 명분과 가치'를 만들어내기 위한 활동으로 귀결되어야 합니다.

물론 논리와 숫자가 모든 것을 결정하지는 않습니다. 우리가 증권사 애널리스트의 추천 종목에 전 재산을 배팅하지 않듯 사업은 내외부 환경의 불확실성 속에서 이루어지기 때문에 논리와 숫자만을 기준으로 의사를 결정하진 않습니다. 저는 개인적으로 '사업이란 49 대 51의 기준으로 의사 결정을 해야 한다'라는 지론을 가지고 있습니다. 경영도 마케팅도 결국 사회과학의 영역인 만큼 '현상의 합리적인 논리와 객관적 숫자' 49%와 '사람의 인사이트와 감각' 51%로 의사 결정을 내린다는 생각이지요.

이를 위해서는 먼저 시장에 대한 분석 자료나 다양한 리서치 데이터, 과거의 실적 자료, 내외부 레퍼런스 등으로 탄탄한 논리를 갖춘 전략 방향을 설정하고 선택지를 마련해야 합니다. 물론 전략적 선택지에 따른 정량적인 인풋과 아웃풋에 대한 가설도 수립해야 하겠지요. 그리고 이런 선택지 속에서 사업과 마케팅의 의사 결정은 결국 '사람'이 하는 것입니다. 이때는 숫자만이 아닌 의사 결정자의 다양한 지식, 경험, 인사이트, 직관 등이 더 큰 영향력을 끼친다고 생각합니다. 따라서 아직 경영진이나 관리자 레벨이 아닌 마케팅 실무자가 해야 하는 일은 이러한 전략적 의사 결정을 잘할 수 있도록 정확하고 합리적인 선택지를 제공하는 것입니다.

여러분이 마케터라면 현재의 사업 환경에서 기획한 광고나 프로모션이 소비자에게, 브랜드에, 제품에, 가격대에 맞는지를 반드시 따져보시기 바랍니다. 자신에게 주어진 일이 광고나 홍보라고 하더라도, 보다 넓은 사업적 관점에서 마케팅 4P를 어우르는 종합적인 시각으로 일해야 합니다. 기업에서 콘텐츠 제작이나 데이터 활용과 같은 기술을 마케터의 핵심 역량으로 요구하더라도 단순히 광고와 콘텐츠를 위한 기술(Technic)과 전술(Tactic)을 고민하는 데에만 본인의 역량을 가두지 말아야 합니다. 그래야 기업의 사업 성과를 이루기 위한 의사 결정에 기여할 수 있습니다.

요컨데, 마케팅은 사회과학적 통찰을 바탕으로 한 '경영' 활동이라는 점을 잊지 않기를 바랍니다. 시장의 다양한 상황들을 기반으로 고객의 입장에서 그가 원하는 것을 정확히 파악하고, 차별화된 가치를 효과적으로 전달하며, 제한된 자원을 효율적으로 운용하는 것이 성공적인 마케팅의 본질입니다. 예술적 직관이나 단순한 기술적 분석을 넘어 인간과 사회에 대한 깊은 이해와 체계적인 경영 실천이 마케터의 필수 덕목인 셈입니다.

03 성과를 내는 마케터로 성장한다는 것

"마케터가 왜 매출을 알아야 하나요?"

제 강의를 듣거나 커리어 상담을 받으러 찾아오는 마케터들이 자주 하는 질문입니다. 저는 그때마다 바로 답을 주지 않고 되묻습니다.

"마케팅 활동을 왜 하시나요?"

대부분은 너무나 당연하게 "성과를 내기 위해서"라고 답변하더군요. 정답이지만 정답이 아닐 수도 있는 이 문장을 여러분은 어떻게 생각하시나요? 우리는 마케터로서 과연 '어떤 성과'를 내아 하는 걸까요?

저는 마케팅의 목적이 '사업 성과'라고 확신합니다. 제품이나 가격, 광고와 같은 하나의 마케팅 요소가 활동의 목적이 되는 게 아니라, 결국 우리 기업이 만들어내는 사업의 성과가 목적이 되어야 하는 것이지요. 내가 만드는 콘텐츠의 조회수나 제품의 디자인, 광고 카피가 단순히 소비자의 주목을 끄는 데 그치지 않고, 결국 구매로 연결되어 사업 성과, 즉 매출에 기여하는가를 고려해야 한다는 뜻입니다.

우리가 보통 사업 성과라고 부르는 것들은 기업 경영 활동의 목적인 수익성과 영속성을 결정짓는 매출액, 비용, 이익 등 정량적 지표를 가리키는 경우가 많습니다. 기업의 사업 성과를 평가하기 위한 정량적 지표는 결과 지표와 과정 지표로 나뉩니다. 일반적으로 공공기관이나 비영리 기업 같은 특수한 곳을 제외하면, 회사에 다니는 직장인이든 기업을 운영하는 경영자든 경영 활동의 목적은 동일합니다. 바로 다양한 경영 활동을 통해 만들어낸 기업의 제품 또는 서비스를 소비자에게 판매해 발생한 매출액과 영업이익(각종 원가와 판매관리 비용을 제외한 이익)과 같은 수익성 지표죠. 이런 수익성 지표를 '결과 지표'라고 합니다. 그리고 그 결과를 이끌어내기 위한 과정에서 발생하는 콘텐츠 조회수, 광고 효율, 브랜드 인덱스, 신제품 출시 건수 등의 수치를 '과정 지표'라고 합니다. 일반적으로 마케팅 프로모션 업계에서 근무하는 분들이 관리하는 도달 수, CPC(Cost Per Click, 클릭당 비용), CTR(Cost Per Response, 반응당 비용)와 같은 수치 역시 과정 지표의 한 부분이지요.

모든 마케터는 사업가다

결과 지표	과정 지표
매출액, 판매량, 매출이익, 영업이익과 같은 마케팅 활동의 결과로 발생하는 수익성 지표	콘텐츠 조회수, 광고 효율, 브랜드 인덱스, 신제품 출시 건수, 콘텐츠 도달 수, CPC, CTR 등 마케팅 과정에서 발생하는 지표

따라서 마케터라면 눈앞의 과정 지표에만 매몰되어 더 중요한 결과 지표를 보지 못하는 우를 범해서는 안 됩니다. 단순히 브랜드를 노출하고 인지시키는 활동이 소비자의 구매로 이어진다는 착각에서 벗어나, 실제 소비자의 선택을 통해 사업 성과가 발생하는 '시장'에 귀를 기울여야 합니다. 소비자가 내 브랜드와 제품을 인지한다 하더라도 필요성, 신뢰도, 친숙함 같은 다양한 소비자 요소가 충족되지 않으면 구매라는 허들을 넘지 못하게 되니까요.

그렇다면 기업이 사업 성과를 낼 때 브랜드, 제품, 광고, 디자인, 가격 중 가장 중요한 건 무엇일까요? 사실 소비자가 제품을 구매하는 '핵심 구매 고려 요인(KBF, Key Buying Factor)'이 시장과 산업군에 따라 너무나도 다르기 때문에 하나를 특정하긴 어렵습니다. 예를 들어 B2B 사업군에서는 브랜드가 없어도 제품력과 가격이 사업 성과를 결정짓기도 합니다. 품질과 브랜드가 유사한 경쟁사들의 제품이라면 판매 가격이 결정적인 구매 요인이 되기도 하죠. 반면 럭셔리와 사업 같은 경우에는 원가나 가격이 아닌 브랜드 요소가 소비자의 선택에 가장 중요한 영향력을 끼치기도 합니다. 럭셔리 제품이 아니더라도 매일유업의 상하목장처럼 일반 우유보다 1.5배 비싼 가격의 제품이 브랜드와 제품력으로 소비자를 끌어당겨 판매되곤 합니다. 따라서 시장에서 소비자가 어떤 요인 때문에 구매를 하는지, 어떤 제품을 원하는지, 어떤 커뮤니케이션 메시지에 반응하는지 등 다양한 요인을 사업 성과와 함께 연결해 보는 시각을 갖출 필요가 있습니다.

결국 마케터의 성과는 사업가의 시각에서 내가 하는 다양한 마케팅 활동이 어떠한 사업 성과에 도움이 되는지 분명히 아는 것에서부터 출발합니다. 누구를 타깃으로 하고, 얼마의 인풋과 아웃풋을 내며, 시장에서 어떻게 전달되고, 다른 경쟁자들보다 더 우월한 가치를 줄 수 있는지 생각해야 하죠.

회사에서 수행하는 마케팅 업무가 광고 카피를 작성하고 제품을 기획하고 이벤트를 운영하는 것이라 하더라도, 과정 지표만 보는 마케터와 결과 지표를 함께 고민하는 마케터의 결과물은 다릅니다. 저는 모든 마케터가 비즈니스적 시각을 갖추어 자신이 하는 일이 회사의 어떤 사업 전략에 따라, 어떤 목표를 달성하기 위해, 어떤 목적으로 운영되는 것인지 알게 되기를 바랍니다. 회사의 장기 목표가 무엇이고, 단기 목표는 무엇이며, 나의 마케팅 활동은 그 맥락에서 어떤 효과를 발휘하고 있는지를 볼 수 있어야 합니다. 우리가 마케팅 활동을 하는 근본적인 목적이 기업의 매출액과 이익 등의 결과 지표가 보여주는 사업 성과를 내기 위한 것이란 사실을 잊어서는 안 됩니다.

마케터는 '나'(자사)가 아닌 '판'(시장)을 보는 사람

마케팅 실무자가 브랜드와 제품을 알리고 판매할 때 흔히 저지르는 실수가 있습니다. '고슴도치도 제 새끼는 함함하다고 한다'라는 말이 있는 것처럼, 내가 운영하는 브랜드와 제품은 나에게 너무 예뻐 보이는 데서 오는 실수입니다. 우리 브랜드와 제품을 내 자식인 양 덮어놓고 옹호하거나 감정에 매몰되어 객관적 평가를 간과하기도 하는 것입니다. 저역시 회사에서 제가 담당하던 브랜드를 너무 사랑하게 된 나머지 잘못된 기준과 방식으로 일을 했던 시기가 있었습니다. 이후에 회사를 나와서 한 걸음 떨어진 위치에서 시장을 바라보니, 오히려 제 브랜드와 제품이 더 객관적으로 정확하게 보이더군요.

마케터는 '시장 활동'을 하는 사람입니다. 다르게 설명하면 시장 활동의 요소를 모두 다룰 수 있는 업무 역량을 지닌 사람입니다. 그래서 마케터는 '나'(자사)가 아닌 '판'(시장)을 보는 사람이어야 합니다. 제품, 가격, 유통, 촉진을 모두 유기적으로 기획하고 운영하려면 내 제품의 전문가가 아닌 '마켓의 전문가'가 되어야 하지요. 마케터는 구슬을 만드는 사람이라기보다는 여러 구슬을 꿰어 멋진 목걸이를 만드는 사람이라고 볼 수 있습니다. 이러한 시장 활동을 구성하는 요소에는 경영에서 가장 중요한 이해 관계자인 고객, 경쟁사, 자사 모두가 해당합니다.

여러분은 시장을 어떻게 분석하시나요? 마케팅 현장에서 시장 분석을 할 때 다양한 틀을 쓰지만, 이 중 가장 일반적으로 활용되는 것은 '3C 분석'이라는 프레임워크입니다. 3C 분석은 1982년 일본의 경영 컨설턴트 오마에 겐이치가 발표한 방법론으로 고객(Customer), 경쟁사(Competitor), 자사(Company)의 관점에서 객관적으로 비즈니스와 시장성을 분석하고 전략 방향을 수립할 때 활용합니다. 시장 상황을 파악하고 고객의 요구를 만족시키기 위해, 경쟁사와 비교해 자사가 상대적으로 우위에 있는 부분으로 차별화하라는 플로를 가지고 있습니다. [저는 시장을 더 객관적이고 체계적으로 분석하기 위해 세 가지 'C'인 유통 채널(Channel), 법규와 제도(Code), 마케팅 컨셉(Concept)에 대한 내용까지도 함께 고려해야 한다고 생각합니다.]

마케팅 현장에서 시장성을 분석한다는 것도 이와 같은 맥락입니다. 가장 먼저 '업의 정의'라고 부르는, '우리가 가려는 시장이 어떤 곳인가'에 대한 명확한 정의가 필요합니다. 가령 유아식이라는 식품 카테고리를 선정했다면 생후 몇 개월부터 시작해 몇 개월까지로 규정할지, 섭취 목적은 무엇인지, 어떠한 구매와 섭취 방식을 지향할 건지, 누가 먹고 누가 구매할지 등을 명확하게 규정하는 것부터 시작해야 하겠지요.

그다음에는 기본적으로 고객, 경쟁사, 자사의 관점을 기반으로 한 다양한 시각으로 분석합니다. 시장의 규모는 어떤지, 시장의 현재 및 미래의 성장성은 어떨지, 경쟁 강도는 얼마큼인지, 자사의 역량 부합도는 어떤지 등 '시장의 매력도'를 파악해 보는 것이지요. 리서치 용어로 U&A(Usage&Attitude)라고 하는 소비자의 다양한 구매나 사용과 관련한 행동과 태도를 분석해 보거나, 시장 내 경쟁자들은 누구이고, 그들은 어떤 활동들을 해오고 있는지를 마케팅 4P의 관점에서 객관적으로 살펴봅니다. 또한 자사 역시 같은 방식으로 어떤 마케팅 4P 요소, 브랜드 자산, 인프라, 리소스, 네트워크 등에서 경쟁사 대비 우위에 있는 요소가 무엇인지를 분석해 봅니다.

일반적으로 사업이 성공하기 위해서는 3C를 분석할 때 가장 중요한 판단 기준은 '고객'이기에, 이들을 정확히 파악해야 한다고들 합니다. 하지만 저는 마케팅의 관점에서 볼 때, 철저히 객관적이고 현실적인 시각으로 자사의 역량을 파악하는 것이 더 중요하다고 생각합니다. 아무리 소비자와 경쟁 상황을 정확히 분석해 '이기는 전략(Winning Strategy)'을 구상한다 해도 우리가 잘하지 못하는 것이거나, 실행할 수 있는 자원이 없거나, 그렇게 할 역량이 없다면 무의미하기 때문입니다. 컨설팅이나 마케팅 업계에서는 이러한 전략들을 '공상과학소설'이라는

모든 마케터는 사업가다

표현으로 비하하고는 하지요. 따라서 저는 '내가 가진 역량과 자원을 객관적으로 분석해, 이를 바탕으로 현실적인 목표를 수립하는 것'이 3C 분석의 핵심 요소라고 생각합니다.

누구나 시장에서 1등을 하고 싶어 합니다. 1등이 가진 압도적인 브랜드 자산과 시장 지위는 너무도 매력적이지요. 하지만 냉정하게 생각해 봅시다. 어떤 시장에서든 누구나 1등이 될 수는 없습니다. 그리고 시장 내 1등만이 사업에 성공하고 오랫동안 생존하는 것도 절대 아닙니다. 삼성과 같은 대기업이 시장에 진입하는 전략과 목표는 작은 로컬 스타트업의 전략과 목표와는 분명히 다를 것입니다. 1등이라는 원대한 목표를 가지고 사업을 하지 말라는 의미가 아닙니다. 보다 현실적인 목표를 세우고 인풋과 아웃풋을 결정해야 경영에서 가장 중요한 '자원 운영의 효율성'을 달성할 수 있음을 명심해야 합니다.

04

마케터로서
나의 그릇을 넓히려면

2024년 하반기를 뜨겁게 달궜던 넷플릭스의 경연 프로그램 〈흑백요리사: 요리 계급 전쟁〉을 기억하시나요? 명성 높은 20인의 '백수저' 요리사와 재야의 숨은 고수인 80인의 '흑수저' 요리사가 경쟁하는 구도의 프로그램이었죠. 그중에서도 저는 4라운드의 '흑백 혼합 팀전 레스토랑 미션'을 감명 깊게 시청했습니다.

이 4라운드는 네 개의 팀이 300만 원의 예산으로 가상의 레스토랑을 직접 운영해, 가장 높은 매출액을 만들어내는 팀이 우승하는 미션이었습니다. 이들은 정해진 준비 시간 내에 한정된 예산으로 레스트랑의 운영 방향, 네이밍, 메뉴 개발, 판매 가격 등을 정하고 두 시간 반 동안 가게를 영업했습니다. 레스토랑을 방문할 고객은 유명 먹방 인플루언서 20인으로, 이들에게는 1인당 100만 원의 구

모든 마케터는 사업가다

매 예산이 정해져 있었습니다.

　이 미션에서 시작부터 우려의 시선을 받던 팀이 있었습니다. 최현석 셰프가 이끌던 '억수르 기사식당' 팀입니다. 상호명에서 눈치 챌 수 있듯 '대중적인 메뉴를 유명 대부호처럼 호화롭게 먹을 수 있다'라는 초호화 기사식당 컨셉이었죠. 억수르 기사식당은 다른 세 경쟁팀이 2~3만 원대 판매가를 고려해 현실적인 메뉴를 구성할 때, 세 가지 메뉴의 평균 가격이 4만 5,000원이 넘는 초고가 사업 전략을 수립했습니다. 너무 높은 판매 가격 때문에 중간 점검에서 심사위원들에게 소비자의 진입장벽이 높다는 부정적인 평가를 받기도 했습니다. 하지만 경연을 막상 시작해 보니 최현석 셰프의 전략과 전술은 성공적이었습니다. 이 미션에서 최현석 셰프는 일반 요리사가 아닌 전략적인 사업가로서의 면모를 보여주었습니다.

　그렇다면 우승의 비결이 단순히 비싼 판매 가격에만 있었을까요? 그렇지 않습니다. 사업 전략에서 전략과 전술의 일관성을 갖춘 것. 이것이 억수르 기사식당이 우승할 수밖에 없었던 이유입니다. 최현석 셰프는 사업 전략과 브랜드, 제품, 가격, 판촉 활동의 일관성을 완벽하게 구현했습니다.

　직장인도 사업자도 사업 성과를 내기 위해 사전에 여러 가지 계획을 수립합니다. 기업에서는 일반적으로 '사업 전략', '비즈니스 플랜', '마케팅 전략' 등과 같은 용어를 활용하기도 하지요. 저는 이러한 계획을 세울 때 가장 중요한 것은 전략과 전술의 일관성이라고 생각합니다. 이 일관성을 갖췄기에 억수르 기사식당이 압도적인 승리를 거둔 것입니다.

억수르 기사식당은 '네 팀 중 가장 높은 매출액을 세우겠다'라는 전략적 목표를 세웠습니다. 최현석 셰프가 가장 먼저 주목한 건 메뉴의 원가율이나 고객 주문량, 수익액이 아니었습니다. 그는 우선 사업의 '성과 지표'를 정확하게 파악했습니다. 그리고 목표에 집중한 정교한 타기팅과 함께, 보편적인 메뉴에 고급 재료를 더한 특별함을 강조하는 초고가 '사업 전략'과 그에 맞는 일관된 '전술'을 세웠죠. 사업 전략 수립 단계에서 최현석 셰프는 "F&B는 데이터에 기반한다"라며 "소비자의 구매력을 분석해야 한다"라고 말합니다. 그리고 방송 프로그램이라는 가상의 특수 상권을 고려해 정교한 타깃 고객을 설정했습니다.

그의 고객 분석 능력과 타깃 설정 능력은 탁월했습니다. 소비자의 구매 행동을 바탕으로 1인당 10~15만 원의 소비를 하며 반복적으로 재구매가 가능한 고객이란 타깃을 설정하고, 판매가와 판매량을 역산해 시장 데이터에 전략을 맞추었죠. 그리고 그에 따라 소비자의 니즈를 충족시키기 위한 전술로, 최고급 재료를 사용한 하이엔드급 메뉴를 근사한 비주얼로 제공했습니다. 그리고 2~3만 원대였던 경쟁 팀들의 평균 판매 가격의 두 배가 넘는 가격을 책정했지요. 특히 캐비어 알밥 천국'이라는 메뉴는 5만 8,000원이라는 최고가로 판매하기도 했습니다. '먹방러'라는 고객의 특성을 고려해 재

모든 마케터는 사업가다

주문이 원활하도록 사전 준비를 철저히 했고, 주문 후 빠르게 음식을 제공해 한 번 더 소비자의 마음을 사로잡았습니다.

그들의 사업 성과는 압도적으로 높았습니다. 두 시간 반 동안 매출액은 477만 원, 판매량은 106개로 2위 팀의 매출액 222만 원보다 두 배 이상 높은 압도적인 사업 성과를 달성했습니다. 특히 판매량이 2위 팀의 89개에 비해 20%밖에 높지 않았음에도 판매 가격으로 인해 사업 성과인 매출액이 두 배 이상 차이가 나면서 그가 뛰어난 전략가임을 증명했죠. 가벼운 경연 예능 프로그램이었지만 마케터의 비즈니스적 마인드와 일관된 사업 전략의 중요성을 알려준 사례가 아닐 수 없습니다.

기업의 경영 활동과 활용 자원 역시 일관된 전략 방향에 따라 집중되고 지속적으로 운영되어야 보다 강력하게 소비자에게 다가설 수 있습니다. 그렇지 않으면 기업의 자원을 비효율적인 방식으로 사용하게 되는데, 이는 사업성을 떨어뜨릴 뿐 아니라 생존 과정에서 문제를 일으키기 쉽습니다. 예를 들어 회사의 비즈니스 전략이 수익성에 초점을 맞춘 점진적 글로벌 확장이라고 해봅시다. 이때 공격적인 내수시장 신제품 확대나, 빅 모델을 활용한 국내 브랜드 위상 강화, 오프라인 채널 영업 인력 충원 등의 활동은 오히려 기업의 전략을 약화하고 효율을 낮출 수 있습니다.

CJ제일제당의 비비고도 분명한 전략을 가지고 글로벌 시장에 진

<오징어 게임 2>와 컬래버를 진행한 비비고

출했기에 좋은 결과를 얻을 수 있었습니다. 비비고의 전략은 '한국 전통 음식의 현대화'였기에 한식을 수출하는 데 그치지 않고 각 국가의 입맛에 맞게 현지화한 제품을 출시하는 전술을 펼쳤습니다. 친숙한 영어 단어 덤플링(dumpling) 대신 만두(mandu)라는 고유 명칭을 그대로 활용하고, LA 레이커스 농구팀과 같은 글로벌 스포츠팀 파트너십 등을 통해 브랜드 인지도를 높여 현지 소비자들의 호응을 얻었습니다. 이를 통해 전 세계 70여 개국에서 널리 사랑받으며 글로벌 매출 1조 원을 돌파했습니다. 2024년에는 넷플릭스 <오징어게임 2>와의 컬래버 프로모션 등을 통해 소비자층을 더욱 넓

모든 마케터는 사업가다

게 공략하기 위해 노력하고 있습니다.

작은 소주잔에 계속해서 물을 채우면 어떻게 될까요? 잔은 넘치고 물은 더 이상 채워지지 않겠죠. 물을 담을 수 있는 잔을 보다 큰 맥주잔으로 바꿔줘야 더 많은 물을 담을 수 있게 됩니다. 마케팅 역시 단순히 업무 스킬과 숙련도를 높이는 것에서 벗어나, 좀 더 넓고 사업적인 시각으로 전략과 전술을 이해해야 내 역량의 그릇이 커져 더 많은 것을 담을 수 있습니다.

진정한 마케터는 기업의 현재 상황을 객관적으로 파악하고, 사업의 운영 방향과 전략, 다양한 브랜드 및 마케팅 활동, 정량/정성적인 목표와 성과를 관통하며 관리하는 역할을 해야 합니다. 내가 현재 수행하고 있는 신제품 출시, 광고 콘텐츠 기획, 프로모션 활동이 어떠한 전략과 목표 내에서 일관되게 운영되고 있는지 한 번 더 고민하고 판단해 보길 바랍니다.

전략이 숲이라면 전술은 나무다

흑백요리사의 억수르 기사식당 사례에서 확인할 수 있듯 전략은 내외부 사업 환경과 배경 속에서 '어떤 이유로 무엇을 하겠다', '누가/언제/어떻게/어떤 결과를 내겠다'라는 거시적인 내용을 다룹니다. 이에 포괄되는 하위 개념이 전술입니다. 전술은 각 부대원들이 각자 어떻게 싸워야 하는가에 대한 구체적인 지침이며, 단기간의 목적을 달성하기 위한 일련의 조치와 행동입니다. 세부적인 실행 계획과 활동 내용, 방법 등이 전술에 해당하지요. 예를 들면 시장에서 단기적인 볼륨 성장을 위해 공격적인 제품을 출시하고 광고 및 판촉 자원을 투입하는 것은 전략이고, 어떤 컨셉의 제품을 어떻게 만들어서 구체적인 일정과 함께 어떤 메시지로 광고 활동을 하느냐와 같은 세부적인 계획은 전술에 해당합니다.

쉽게 설명하자면 전체적인 숲을 보는 것이 전략, 한 그루 한 그루의 나무를 보는 것이 전술입니다. 시장에서 우리 브랜드의 지위(숲)를 높이기 위해 공격적인 제품을 출시하고 광고 자원을 투입해 볼륨 성장을 우선으로 한다는 결정을 내린다면 이는 전략에 해당하고, 어떤 제품을 어떻게 만들어서, 어디에 어떤 내용과 메시지로 광고한다는 세부적인 활동 계획(나무)은 전술에 해당합니다. 건강한 나무 각각이 조화를 이루어 울창한 숲을 유지하는 것처럼 전략과 전술이 일관성을 갖춰야 사업이 지속할 수 있습니다.

모든 마케터는 사업가다

05 사업한다는 것은 곧, 살아남는다는 것

국내 사업 환경은 한마디로 '수요는 없는데, 공급만 넘치는 시대'에 이르렀습니다. 이러한 환경에서 생존하기 위해서는 시장과 소비자, 경쟁사 등 외부 환경을 철저히 분석해 냉정하게, 객관적으로 '시장성'을 파악해야 합니다. 그리고 차별화된 경쟁력을 바탕으로 많은 경쟁재나 대체재보다 나를 선택하게 만드는 '명분'을 제시하고, 이를 바탕으로 종합적으로 판단을 내려 사업성을 구축해야 합니다. '코끼리 베이글'처럼 말입니다.

'서울 3대 베이글'이라는 불리는 화덕 베이글숍인 코끼리 베이글은 어떻게 줄 서는 맛집이 될 수 있었을까요? 서울 영등포 본점에서 시작해 한남동, 성수 같은 핫플레이스에 매장을 두고 있는 코끼리 베이글은 연 매출 100억 원이 넘는 유명한 브랜드입니다. 평일에도 아침 8시 30분 전에 오픈런을 하지 않으면 금방 소진될 정도로 인기가 좋은 편이라 빵 마니아들 사이에서는 성지와 같은 곳이죠.

이곳의 사업성은 단순히 코끼리라는 브랜드 네임이나 화덕에 구운 베이글이라는 차별화된 레시피만으로 설명할 수 없습니다. 코끼리 베이글의 창업주는 미술 전공자로, 의류업계에서 여러 번의 실패를 겪은 후 우연히 베이커리 직원으로 일하게 되며 사업의 기회를 발견했습니다. 빵집을 찾는 손님의 특징을 발견해 인사이트를 쌓은 것이죠. 한국인 손님은 대체로 부드러우면서 많이 달지 않고 어디서든 간편하게 뜯어 먹을 수 있는 빵을 좋아했고, 이에 적합한 빵이 바로 베이글이었습니다. 그러나 코끼리 베이글이 오픈한 2021년만 해도 우리나라 사람들은 베이글을 지금처럼 많이 먹지 않았습니다. 창업주는 당장의 수요를 본 것이 아니라, 한국인의 입맛과 서구화된 식습관을 고려한 잠재 시장성과 과열되지 않은 경쟁 환경을 종합적으로 분석해 시장성을 평가했습니다. 또한 더 쫀득하고 촉촉한 식감을 주기 위해 화덕에 구우면서 차별화된 경쟁력을 더했습니다.

물론 화덕에 굽는 방식은 생산 효율성이 좋지 않습니다. 일일이 화덕에 반죽을 집어넣고, 위치를 바꿔가며 고루 익혀야 하는 번거로움이 있기 때문이죠. 화덕을 설치하고 빵을 굽는 공간에도 제약이 따릅니다. 하지만 코끼리 베이글은 이런 비효율을 감수하고도 이 모든 단점을 압도하는 베이글의 맛과 쫀득한 식감을 선택했습니다. 경쟁재에는 없는 가치에 주목한 것이죠. 나아가 이 가치를 표현하기 위해 이탈리아 화산암 화덕을 공수해 오고, 점포별로 제품의 품질을 균일하게 유지하기 위해 직영점 세 개만 운영하는 전략을 취했습니다. 그렇게 고객이 코끼리 베이글에 반드시 '가야 하는 명분'을 만들었습니다.

이렇듯 기업에는 과거의 대박 신화를 좇는 '성공 전략'이 아니라, 안정적인 수익원과 충성 고객을 확보하기 위한 '생존 전략'이 필요합니다. '자생력'을 바탕으로 기업의 생존을 위한 수익원을 스스로 만들고 관리해 가야 하는 상황입니다. 그렇다면 마케팅의 영역에서 펼칠 수 있는 생존 전략은 무엇이 있을까요? 단순히 공격적인 제품을 출시하고 유통 채널을 확장하고, 다수를 겨냥해 막대한 광고 자원을 투입하거나 경쟁사를 압도하는 낮은 가격으로 프로모션하는 기존의 관행에 그쳐서는 안 됩니다. 이를 넘어서는 시도가 필요합니다.

이러한 활동을 시작하기에 앞서 먼저 고민해야 하는 것은 '생존을 위해 필요한 자원'의 선택과 집중입니다. 진입할 시장과 만족시킬 고객을 냉철히 정의하는 것, 타기팅된 고객에게 집중한 제품과 서비스를 운영하는 것, 투입되는 자원과 성과를 정교하게 예상하고 관리하는 것, 효과보다 효율에 집중해 '사업성 높은' 마케팅 활동에 자원을 투입하는 것에 대한 전략적 접근을 강구해야 합니다. 이때 필요한 건 앞서 반복해서 강조했던 '사업적인 시각'입니다.

그렇다면 '사업성'은 과연 무엇일까요? 저는 사업성을 매력적인 '시장성'과 차별화된 '경쟁력'을 곱한 요소라고 생각합니다.

사업성 = 시장성×경쟁력

먼저 시장성부터 살펴보겠습니다. 시장성이라는 단어는 의미를 이해하는 건 어렵지 않지만, 실제 업무에 활용하기는 어려운 개념이기도 합니다. 저는 시장성을 '소비자 수요의 매력도'로 정의하고자 합니다. 소비자 수요가 얼마나 매력적인지는 크게 세 가지의 요소로 구분됩니다. 현재의 시장 규모, 미래 성장 가능성, 그리고 시장 내 경쟁 상황으로 평가합니다. 지금 시장의 전체 사이즈가 어느 정도의 규모인지, 과거부터의 성장률이 어떤지, 3년 후, 혹은 5년 후에 그 시장의 사이즈가 어떻게 변하게 될지를 산정해 보는 것이죠. 그리고 현재 시장에서 싸우고 있는 플레이어들이 얼마나 많은지, 점유 상황은 어떤지, 어떤 메시지와 역량으로 시장을 나누어 점유하고 있는지도 객관적으로 분석해 봅니다. 경쟁 환경이 압도적인 1강과 다약 체제인지, 2강 3중 체제인지, 4강 체제인지, 혹은 절대 강자가 없는 춘추전국 시장인지에 따라 자사가 목표로 하는 위치를 정하기도 하죠.

그다음으로, 내가 경쟁사보다 얼마나 차별화된 비교우위의 경쟁력을 갖고 있는가를 함께 고려해 사업성을 판단합니다. 여기에서 경쟁력은 단순히 기술의 영역이 아닌 다양한 영역의 사업을 위한 무기들을 포함합니다. 자금, 유통력, 광고 및 홍보 역량, 브랜드력, 제조 설비, 휴먼 인프라, R&D 역량, 디자인, 물류, 구매력, 특허와 기술 등이 이에 속합니다. 시장의 매력도가 높고 우리가 경쟁사보다 해당 사업을 잘할 수 있는 경쟁력을 보유하고 있을 때, 우리는 이런 상황을 '사업성'이 높다고 판단하는 것입니다.

예를 들어볼까요? 장충동에는 전국적으로 유명한 족발 거리가 있습니다. 우리가 이 장충동 족발 거리에서 새롭게 사업을 한다고 가정해 봅시다. 족발을 먹기 위해 족발 거리를 방문하는 소비자의 수요를 고려하면, 삼겹살집이나 중국집보다 족발집을 차리는 편이 좀 더 생존 확률이 높겠죠. 현재 판매 규모나 방문객 수가 어느 정도인지, 과거부터 안정적인 성장세로 미래 수요가 확보되는지, 경쟁하는 족발집이 몇 개 정도인지, 그리고 어떤 가격과 메뉴를 파는지를 함께 고려해 시장성을 검토하는 것입니다.

물론 시장성이 있다고 해서 모든 사업이 잘되는 것은 아닙니다. 많은 자금을 들여 보증금과 임대료를 내고, 인테리어를 하고, 온라인과 지역 광고를 돌려 족발을 판매한다고 해도, 이미 경쟁이 치열한 족발 거리 내에서 원하는 수익을 내지 못하고 적자를 볼 수도 있습니다. 기본적으로 시장을 방문하는 사람 수(수요량)보다 경쟁 관계에 있는 점포 좌석(공급량)이 많다면, 자신만의 경쟁력이 있는 점포만 생존할 것입니다. 족발을 삶는 방식이 독특하거나, 다른 가게에 없는 메뉴나 소스가 있거나, 옆집보다 판매 가격이 낮거나, 차별화된 세트 메뉴가 있거나, 다른 서비스와 밑반찬이 있거나, 인테리어가 감각적이거나, 지하철 출구에서 가까워 접근성이 좋거나, 유명 유튜버의 방문 기록이 있다면 경쟁력을 높이게 될 수도 있겠지요. 결국 시장성과 경쟁력이 소비자의 니즈와 일치할 때, 이것이 '내 가게를 오는 명분과 이유'가 되어 비로소 줄 서는 맛집이 되는 것입니다.

앞서 사업성을 시장성과 경쟁력을 곱한 요소라고 표현한 이유가 이제 짐작이 되실까요? 이처럼 시장성과 경쟁력, 어느 것 하나 놓치지 않아야 보다 오래, 보다 널리 사랑받으며 생존할 수 있기 때문입니다.

시시각각 목숨을 위협받는 전장의 전사들을 떠올려 봅시다. 그들은 생존하기 위해 무기를 들고 전쟁터로 향합니다. 경영 현장의 최전선에 선 마케터라고 입장이 다르지 않습니다. 소비자와 가장 가까운 곳에서 기업의 사활을 걸고 사업 목표를 달성해야 하는 우리에게도 본질을 꿰뚫는 무기와 리스크를 막아낼 방패가 필요하지요. 제가 앞서도 누누이 강조해 왔기에 '사업의 목표가 무엇이냐'를 묻는 독자는 없을 것이라고 생각합니다. 선거나 공공기관 같은 일부 비영리 단체를 제외하면 사업 목표는 단언컨대 이윤 창출이 되어야 합니다. 자본주의 경제체제에서 이윤을 만든다는 건, 수많은 경쟁재와 대체재 사이에서 선택을 받아 매출과 이익을 발생시킨다는 의미입니다.

물론 국내 또는 세계에서 우리만 유일하게 지닌 요소를 활용해 시장 내 독점 체제를 갖춘 상황이라면 좀 더 쉽게 선택될 여지가 있겠지만, 이 경우에도 또 다른 대체재들과 끊임없는 생존 경쟁을 해야 하는 건 똑같습니다. 마케팅의 본질은 기업의 생존을 위한 사업 활동과 직결됩니다. 따라서 마케팅의 본질이 흔들리면 사업도 흔들립니다.

저는 오랜 경험을 바탕으로 수많은 사례를 분석하며 검증한 끝에 '생존하는 마케팅'을 위한 마케터의 무기는 단 두 가지로 압축된다고 생각합니다. 하나는 목표한 타깃을 정확히 꿰뚫는 '컨셉'이고, 또 다른 하나는 불필요하게 새 나가는 지출을 막는 '손익 관리'입니다. 저는 각각을 두고 '마케팅의 창과 방패'라고 부릅니다.

자, 그럼 이제부터 본격적으로 마케터의 생존 도구인 컨셉과 손익 관리에 관해 이야기해 보겠습니다. 이 책을 덮을 때쯤 여러분이 양손에 예리한 창과 든든한 방패를 쥐고 '살아남을 수 있다'라는 자신감을 얻길 바랍니다.

MARKETING

왜 고객이 우리를 선택해야 하는가?

사업하는 마케터의 생존 도구 ① 컨셉

CHAPTER
2

━━━━━

왜 컨셉인가?

01 우리를 선택할 명분도 없이 물건을 판다고?

앞서 마케터의 무기로 두 가지를 꼽았습니다. 그중 첫 번째 생존 도구인 '창', 즉 '컨셉'에 관해 이야기해 보겠습니다. 창은 특정 대상을 찌를 때 쓰는 도구입니다. 날카로운 창이 목표한 타깃을 정확히 뚫듯이, 예리한 컨셉은 기업이 소비자에게 전달하고자 하는 메시지를 명확히 전달해 소비자의 마음을 관통할 수 있습니다. 혹자는 컨셉이라는 단어를 듣고 자극적인 요소를 떠올리기도 합니다. 클릭하지 않으면 안 될 것 같은 제목으로 공포감을 자극하는 인스타그램의 게시글이나, 웃긴 유튜브의 썸네일 같은 것들 말이지요. 하지만 엄밀히 말하면 이는 부차적인 요소일 뿐, 우리가 말하고자 하는 마케팅의 본질인 컨셉은 아닙니다. 이러한 장치들은 마케팅 컨셉을 전달하기 위한 하나의 수단일 뿐이죠.

그렇다면 마케팅 컨셉이란 무엇일까요? 기업이 고객에게 전달하고자 하는 혜택을 담은 메시지, 즉 시장에서 '나를 선택할 명분'입니다. 무수한 경쟁재와 대체재에는 없는 우리 제품만의 차별화된 가치와 명분으로 소비자를 설득하고 고객으로 만들 무기인 것입니다.

마케팅 컨셉을 잘 세운 사례를 소개할 때마다 저는 가까운 친척이 운영하는 전라북도 군산의 동네 병원 '전경호 이비인후과' 이야기를 하고는 합니다. 전경호 이비인후과는 겉으로 보기엔 평범한 개원의가 운영하는 동네 병원일 뿐입니다. 하지만 예약 압박이 너무 심한 나머지 오픈런을 해도 대기가 길죠. 군산 맘카페에도 예약이 어렵다는 후기가 자자한 것은 물론, 접수 번호표를 찍은 인증샷까지 올라옵니다. 심지어 바쁜 아기 엄마들 대신 대기표를 받아주는 퀵서비스까지 등장해 병원 앞에는 오픈 전부터 오토바이들이 줄지어 서 있습니다.

근처에 경쟁업체가 없느냐고요? 천만에요. 군산의료원, 원광대학교 의대 병원 등의 종합병원부터 인근 10분 거리에도 개인 병원이 즐비합니다. 경쟁재와 대체재가 넘쳐나죠. 그런데 왜 유독 전경호 이비인후과에 사람들이 몰리는 걸까요? 최신 설비를 갖춰서? 오래된 업력을 신뢰할 수 있어서? 아니면 TV에 출연하는 유명 의사가 있어서? 모두 아닙니다. 이 병원이 잘나가는 이유는 이른 아침 손님을 맞기 전 병원의 풍경을 보면 쉽게 알 수 있습니다.

전경호 원장은 아침에 출근하여 첫 진료가 시작되기 전까지 전날의 진료 차트를 확인합니다. 그리고 중증 환자와 개인적으로 걱정이 되는 환자들에게 직접 안부 전화를 겁니다.

"길동이 어머님~ 길동이 기침은 좀 잦아들었어요? 유치원은 잘 갔고요?

"둘리 씨, 코피는 이제 좀 멎었어요?"

"희동이 아버님, 오늘 아침 목은 좀 괜찮으셔요? 어제 드린 약 드시고 오늘은 병원 안 오셔도 돼요~"

여러분은 병원에서 이런 연락을 받아본 경험이 있나요? 그것도 예약이 그렇게 힘들다는 유명 병원의 원장님이 직접 전화를 해주는 서비스라니, 그 감동이 얼마나 클까요? 나와 내 가족을 향한 관심과 배려 깊은 진료 서비스, 이를 받는 사람들 사이에 형성되는 유대감과 신뢰 관계는 전경호 이비인후과만이 제공할 수 있는 '선택할 명분'이자 '차별화된 고객 혜택'입니다.

물론 그런 서비스가 뭐가 중요하냐고 하는 사람도 있을 수 있습니다. 병원이라면 모름지기 큰 규모에 최침된 의료 설비와 시설을 갖추는 것이 중요하다고 생각하는 사람도 있습니다. 마케팅에서는 소비자가 어떤 제품과 서비스를 선택할 때 중요하게 생각하는 요소들을 '핵심 구매 고려 요인'이라고 합니다. 목이 아파서 이비인후과를 찾을 때, 핵심 구매 고려 요인이 '설비와 규모'인 소비자들에게는 앞서 말한 서비스가 매력적이지 않을 수도 있습니다. 하지만 선택의 요인이 '환자에 대한 관심과 친절'인 소비자들이라면 전경호 이비인후과를 선택할 명분이 최소한 하나 이상은 생깁니다.

모든 고객이 다 좋아하고 만족하는 사업은 존재하지 않습니다. 내가 만족시키려는 고객을 정해, 그들이 듣고 싶어 하는 이야기를 찾아내고, 그 이야기를 다른 사람들이 해주지 못하는 방식으로 전달하는 것이야말로 우리가 알아야 할 타기팅과 마케팅 컨셉의 본질입니다.

마케팅 컨셉을 기획하다 보면 수많은 아이디어가 떠오르고 욕심이 생겨 무리하고 싶은 순간이 어김없이 옵니다. 그럴 때 이 말을 상기해 보면 잘못된 판단을 줄일 수 있습니다.

"우리가 줄 수 있는 고객의 혜택과 나를 선택할 차별화된 명분을, 선물을 고르는 마음으로 기획하고 실행한다."

좋은 선물에는 받는 사람의 취향과 상황에 대한 이해가 담겨 있기 마련이니까요.

02

비즈니스 커뮤니케이션의
제1원칙은
'고객의 입장에서'

김 팀장　"황 과장, 어제 내가 말한 보고 자료는 완료됐나?"

황 과장　"자료 작성하고 있는데 전무님께서 아침에 급하게 업무
　　　　　를 지시하셔서요."

김 팀장　"그래서 자료를 다 만들었어? 못 만들었어?"

황 과장　"자료에 넣을 내용 때문에 연구소에 이메일을 보냈는
　　　　　데, 아직 답변을 못 받았는데요."

김 팀장　"(답답해하고 호통치며) 그래서 했냐고, 안 했냐고?"

이 대화는 제가 예전 직장에서 경험했던 실제 사례입니다. 앞뒤
상황을 몰라도 이 대화가 겉돌고 있어 답답하다고 느껴지죠. 그 이
유가 무엇일까요? 김 팀장은 본인이 지시한 보고 자료가 다 되었는

지 아닌지 '결과'가 궁금해서 질문을 했는데, 황 과장은 본인이 완료하지 못한 '이유'만을 반복해서 말하고 있기 때문입니다. 생각보다 많은 사람이 이런 실수를 저지릅니다. 대부분 상대방의 질문 의도를 먼저 파악하지 못하고, 질책을 받을까 걱정되어 나를 방어하기 위한 의도로 소통하는 데 원인이 있습니다. 상대방이 듣고 싶은 말을 하지 못하고 내가 하고 싶은 말을 하는 거죠.

일상에서 흔히 발생하는 이러한 미스 커뮤니케이션은 마케터가 업무를 할 때도 자주 저지르는 실수 중 하나입니다. 제조사와 브랜드의 입장에서 내 제품의 특징과 장점만을 일방적으로 전달하려고 하는 것이죠. 우리 브랜드 제품은 유기농이라서 특별하고, 국내산 재료로 만들었고, 첨가물을 넣지 않아 건강에 좋다고 상세 페이지와 광고 콘텐츠에서 거듭 이야기합니다. 실제 제품을 사용하는 소비자가 값싸고 맛있는 제품만을 원하는 시장이라면, 앞서 얘기했던 특징들은 그저 '동문서답'이 되고 맙니다. 마케터는 소비자를 '설득' 해야 하는데, 소비자에게 자신의 브랜드가 가진 특징들을 일방적으로 '강요'하고 있는 셈입니다.

마케팅 전략을 수립하거나 보고 자료를 작성할 때 자주 사용하는 용어 중에 '고유의 판매 제안'이라는 의미를 가진 'USP'라는 단어가 있습니다. 많은 마케터가 USP를 'Unique Selling Point'라는 단어 자체로만 이해하는데, 이는 정확히 말하면 소비자의 입장에서 혜택을 줄 수 있는 '차별화된 제안(Unique Selling Proposition)'이라는 뜻입니다. 그러므로 USP는 '제품 특징(Product Feature)'과는 구분되어야 합니다.

소비자가 궁금해하는 건 제품의 '특징'이 아니라 나에게 좋은 '혜택'입니다. 그러니 온라인 상세 페이지 등을 통해 메시지를 전달할 때도 '소비자가 받을 혜택'을 더 강조해야 하는 것이죠. 예를 들면 기능성 양말 제품에 대해 말할 때, '○○ 소재를 활용해 ○○ 공법으로 만들었다'는 제품의 특징이고, '통기성이 뛰어나 착용할 때 쾌적하다(○○ 공법으로 만들었다)', '뒤꿈치가 잘 벗겨지지 않는다(○○ 소재로 만들었다)' 등은 고객이 받을 혜택을 제안하는 USP가 되는 것입니다. 물론 위의 문장처럼 USP를 좀 더 힘을 실어 전달하려면, 제품 특징을 함께 언급해도 좋습니다. 하지만 '내가 말하고 싶은' 제품 특징이 아니라, '소비자가 받고 싶은' 혜택에 집중해야 한다는 점을 주의해야 합니다.

'받는 사람의 입장에서.'

저의 마케팅 컨셉 철학은 이 한 줄로 함축됩니다. 문장에서 알 수 있듯이 핵심은 내가 하고 싶은 말을 하는 것이 아니라, '받는 사람이 듣고 싶은 말을 하는 것'입니다. 「여우와 두루미」라는 유명한 『이솝 우화』의 내용처럼 내게 좋은 음식과 서비스일지라도 상대가

맛있게 먹고 즐길 수 없다면 의미가 없습니다.

마케팅도 그렇습니다. 기업이 하고 싶은 말을 전달하기보다 소비자가 듣고 싶은 말을 찾아서 해주려고 노력하는 것이 무엇보다 중요합니다. 상대방이 듣고 싶어 하는 말을 찾아서(고객에게 주어질 혜택), 경쟁자들과 다른 방식으로 전달하는(차별화) 것이 바로 마케팅 컨셉의 핵심입니다.

앞선 황 과장의 사례에 다시 비춰봅시다. 팀장님이 보고 자료를 완료했는지 물어보는 질문에 먼저 "죄송합니다. 아직 완료하지 못했습니다"로 질문 의도에 맞는 '결론'을 제시하는 것이 먼저입니다. 그다음에 "자료를 작성하는 과정에서 전무님께서 급한 업무를 먼저 지시하셨고, 연구소에 메일로 문의한 내용을 아직 회신받지 못했는데" 등의 '원인'을 밝히고, "제가 다시 한번 연락해서 오후 4시까지 작성 완료하도록 하겠습니다"와 같이 '대안'을 제시하는 순서로 커뮤니케이션을 하는 것이 모범 답안입니다. 이는 비즈니스 커뮤니케이션은 '기승전결'이 아니라 '결기승'이라고 말하는 것과도 궤를 같이합니다.

컨셉은 마케팅뿐만 아니라 방송, 디자인, 외식, 예술 등 많은 영역에서 흔하게 쓰이는 말입니다. 그리고 마케팅 필드에서는 상사나 광고주가 가장 빈번하게 던지는 질문이자, 마케팅 실무자에게 무엇보다도 스트레스를 주는 존재이리라 생각합니다.

컨셉을 두고 필립 코틀러는 "목표로 하는 시장의 니즈와 욕구를 파악해서 '고객이 원하는 만족을 라이벌보다 더 좋은 방법으로 제공할 수 있느냐'가 기업 목표를 달성하기 위한 핵심 경쟁력"이라고 말했습니다. 『결국 컨셉』에서 광고기획자 김동욱은 "컨셉은 제품의 강력한 셀링포인트(Selling Point)와 소비자 니즈의 접점이자 제품의 존재 가치, 뼈대"라고 이야기하고 있습니다. 또한 마케팅 전문가 김근배는 『끌리는 컨셉의 법칙』에서 "마케팅에서의 컨셉은 다른 제품이 아닌 바로 이 제품을 사야 할 이유를 소비자에게 제시해 구매 동기를 자극하는 것"이라고 정의합니다. 이 밖에 다양하게 이루어져 온 컨셉 관련 연구를 종합해 보면, 컨셉이란 즉 '좋은 아이디어(good idea)'와 '소비자 혜택(customer benefit)'이 합쳐진 것이라고 볼 수 있습니다. 결국 브랜드와 제품의 흥망성쇠를 결정하는 가장 중요한 요소는 소비자의 관심을 얼마나 정확히 파악해 컨셉을 정하느냐에 달린 것입니다.

"김 과장, 이런 것 말고 차별화된 컨셉 좀 없어? 색다른 아이디어 좀 가져와 봐!"

우리의 상사나 임원들은 이런 지시를 참 쉽게 내립니다. 저 역시 그럴 때마다 속으로 '직접 한번 찾아봐라! 차별화된 컨셉을!'이라고 빈발하며 골머리를 앓았던 기억이 스쳐 지나갑니다. 차별화에 맞춰서 컨셉을 만들어가면 "그런 컨셉이 시장성이 있겠어?"라고 지적하고, 시장성에 맞춰 컨셉을 수정해 가면 "그건 너무 평범하고 일반적이지 않아?"라며 무한 도돌이표가 이어집니다. 과연 어떻게 컨셉을 만들고 차별화시켜야 하는 걸까요? 그리고 도대체 차별화 (Differentiation)란 무엇일까요? '차별화'와 '차이'는 무엇이 다를까요?

저는 사업과 마케팅의 영역에서 '컨셉은 소비자의 혜택이 담긴 차별화된 아이디어'라고 정의합니다. 지금은 생산부터 판매까지 각 영역의 구분이 흐려지고, 수많은 브랜드와 제품이 홍수를 이루는 시대입니다. 이러한 시장 환경에서 차별화된 아이디어를 내려면, 기존의 경쟁재나 대체재에는 없는 우리만이 가진 단 하나의 '엣지 (edge)'를 제공하는 것이 중요합니다. 차별화는 '고객의 편의를 위해 제품과 서비스에 변화를 주는 것'이며, '기업을 운영하는 산업 내에서 소비자가 독특하다고 인식할 수 있는 가치를 통해 경쟁 우위를 달성하려고 하는 것'입니다. 다시 말해 '그냥 다른 것'은 차이이고, 고객의 입장에서 '나의 혜택이 붙은 차이'가 바로 차별화지요.

결국 핵심 요소는 '고객이 받는 혜택'입니다. 제가 실무자일 때부터 마케팅 강의와 컨설팅을 하는 지금까지, 항상 강조하고 또 강조하는 부분이 바로 '커뮤니케이션의 제1원칙은, 상대방의 입장에서!'입니다. 차별화는 공급자, 제조사, 회사의 입장이 아니라 철저하게 고객과 소비자의 입장에서 판단하고 설계하고 표현되어야 합니다.

'캠핑 업계의 에르메스'라는 별명이 붙은 '헬리녹스'라는 국내 캠

평용품 전문 브랜드가 있습니다. 2011년 전 세계 텐트 폴 시장점유율의 90%를 차지하는, 그야말로 압도적인 경쟁력을 가진 국내 강소기업 동아알루미늄(DAC)의 사업부에서 시작한 헬리녹스는 2013년 독립 법인으로 분사하며 본격적인 소비자 브랜드로서 그 이름을 알리게 됩니다.

헬리녹스의 핵심 컨셉은 바로 가볍고 내구성이 뛰어난 '초경량& 고강도' 제품으로, 가볍지만 안정감 있는 일관된 혜택을 제공하고 있습니다. 캠핑을 즐기는 소비자들은 무겁고 부피가 큰 기존 캠핑 용품을 불편하게 느꼈습니다. 이 문제점에 집중한 헬리녹스는 최소한의 무게로 최대의 강도를 제공하는 뛰어난 핵심 기술을 기반으로 차별화된 혜택을 제공한 것이죠. 베스트셀러인 '체어원' 의자는 890g의 가벼운 무게로 휴대성은 뛰어나지만 최대 145kg의 하중을 견디는 강도로 만들어, 높은 가격에도 불구하고 국내외 캠퍼들에게 오랫동안 사랑받고 있습니다.

헬리녹스는 자사가 지닌 가장 뛰어난 경쟁력 '초경량 고강도 알루미늄 금속 소재 가공 기술'을 기반으로 만든 캠핑 용품만을 고집스럽게 전문화해 취급하고 있습니다. 일반적으로 브랜드가 성장하면 다른 사업과 제품 영역으로 확장하면서 본래의 중심과 정체성이 희석되는 경우가 종종 있는데, 헬리녹스는 그들의 핵심 컨셉을 일관되게 유지하고 있지요. 차별화된 소비자 혜택을 기반으로 한 일관된 컨셉이 있었기에 BTS, 슈프림, 칼하트, 블랙야크, 참이슬과

헬리녹스의 체어원

같은 다양한 국내외 유명 브랜드들이 앞다퉈 협업 활동을 제안할
정도의 인기를 얻게 되었습니다.

　브랜드와 제품, 서비스에 이런 컨셉을 입히는 일이 바로 '비즈니
스의 기초 공사'입니다. 다르게 말하면, 그것은 바꿔 말해, 마케팅
컨셉을 쉽게 바꾸려는 시도는 위험하다는 뜻입니다. 한순간의 결정
으로 브랜드와 제품, 서비스의 존재 가치를 잃어버릴 수 있기 때문
이죠. 잘했다는 평을 받는 마케팅 사례의 공통점을 살펴보면 '일관
성'이 있다는 사실을 알 수 있습니다. 기업의 입장에서 마케팅이란
결국 무엇을 만들어서, 어디에, 얼마에, 어떻게 팔지를 결정하는 수

모든 마케터는 사업가다

많은 의사 결정 과정입니다. 이때 '마케팅 컨셉'이라는 본질에 따라 일관된 선택을 해야 합니다.

그러면 컨셉은 어떤 역할을 할까요? '컨셉'은 브랜드와 마케팅이 흔들리지 않게 중심을 잡아줍니다. 브랜드의 아이덴티티, 신제품을 개발하고 제품의 원료와 포장을 선택하는 기준, 디자인과 톤앤매너를 정하는 기준, 가격과 수익률을 결정하는 기준, 광고와 프로모션 채널 및 메시지를 정하는 기준. 그 모든 선택의 기준이 되어주는 것이 바로 '컨셉'입니다.

컨셉과 브랜드, 마케팅의 관계는 지구로 비유해 보면 쉽습니다. 시장이라는 태양계에 차별화된 컨셉이라는 핵을 기반으로 만들어진 브랜드, 그 브랜드 위에 마케팅으로 구성된 행성들이 있는 것이죠. 그리고 마케터의 역할은 본인의 행성을 조화롭게 운영하고 소비자를 우리 행성에 유치해 기업이 생존하도록 하는 것입니다. 이는 바로 '마케팅 4P'라 일컫는 제품, 가격, 유통, 프로모션을 넘어 브랜드까지 바라보는 넓은 시각이 필요한 이유이기도 합니다.

마케팅이 먼저냐, 브랜딩이 먼저냐

마케팅 이야기를 하다 보면 '마케팅과 브랜딩의 관계'에 대한 질문이 자주 등장합니다. 두 개념에 어떤 차이가 있고, 어떤 것이 상위 개념인가와 같은 질문을 수없이 받아왔습니다. 학계와 업계에서도 마케팅이 중요한가, 브랜딩이 중요한가와 같은 이슈가 아직도 끊이지 않고 등장하지요.

필립 코틀러는 브랜드를 '이름, 언어, 신호, 상징, 디자인 또는 이들의 결합체가 경쟁 관계에 있는 타사의 제품과 차별적이며 판매 집단이나 판매자의 제품과 서비스에 영향을 받는 것'이라고 정의했습니다. 미국 마케팅 협회 역시 브랜드를 '특정 판매자 혹은 판매자 집단의 제품이나 서비스를 식별하고 경쟁 상대의 제품 및 서비스와 차별화할 목적으로 사용하는 명칭, 언어, 사인, 디자인, 상징 혹은 이들의 조합'이라고 규정하고 있습니다.

사실 저는 과거에 이런 개념적 정의를 아무리 읽어봐도 실무에 어떻게 적용해야 할지 와닿지 않았습니다. 여러 정의들을 조합해 본 후에야 '자신만의 차별화된 정체성을 가진 무형의 자산'이라는 핵심에 다다랐고, 저는 이를 신체에 비유해 브랜드는 '마케팅의 코어(중심)'라고 말합니다. 실제로 무형의 자산인 브랜드는 그 이름 자체만으로는 어떠한 의미도 가질 수 없고, 제품과 서비스에 적용되어 유통과 가격이라는 소비자 접점과 다양한 프로모션 툴을 거쳐 전달되어야 그 가치가 생기기 때문입니다.

국내에서 이런 원칙을 잘 지켜나가는 브랜드 중 하나가 저의 전 직장 매일유업에서 운영하는 상하목장입니다. '상하목장'이라는 브랜드명만으로는 어떤 의미나 가치도 없습니다. 그저 '상하'라는 국내의 지역명과 '목장'이라는 일반명사를 합쳐놓은 말에 지나지 않죠. 하지만 이 브랜드는 유기농과 친환경을 기반으로 한 유제품에 적용되고, 깨끗하고 천연스러운 디자인으로 표현되고, 프리미엄을 갖춘 가격으로 친환경을 지향하는 유통 채널에서 판매되고, 항상 동일한 톤앤매너의 광고 커뮤니케이션을 유지함으로써 일관된 가치를 갖게 됩니다. 즉, 브랜드를 이루는 다양한 요소와 마케팅 4P가 연결되어 움직일 때 브랜드는 자신만의 독자적인 생명력을 갖습니다.

마케팅 실무에서도 브랜드가 담당하는 중요한 역할이 있습니다. 바로 마케팅 4P 의사 결정의 '기준'이 된다는 것입니다. 먼저 마케팅 실무에서 4P를 짚어보면 다음과 같은 업무를 수행한다고 말할 수 있습니다.

하나, 제품(Product)은 판매하고자 하는 제품과 서비스를 포함하는 개념입니다. 이미 만들어진 제품을 어떻게 운영하느냐뿐 아니라, 어떤 제품을 어떻게 만들고 언제 중단할지 등 모든 상황에 관여합니다. 여기에는 사업 성과를 내는 데 가장 효과적인 제품 라인업 구축, 신제품 개발 로드맵, 제품 컨셉 기획, 디자인과 패키지, 제품의 용량이나 구성품 등의 스펙, 제품의 원가 등이 포함됩니다. 당연히 소비자의 어떤 니즈를 충족시켜 우리 제품만의 차별화된 혜택을 줄지에 대한 고민이 필요하겠지요.

둘, 가격(Price)은 제품이나 서비스의 금전적 가치입니다. 개발을 완료해 제품을 유통하는 과정에서 영향을 주는 요인을 다방면으로 고려해 가격을 결정합니다. 즉 기준 판매 가격, 유통 채널별 출고가와 판매가, 매출이익 등의 수익률, 경쟁사와 행사가 관리, 가격 인상 혹은 인하와 같은 요인을 고려해 정하게 되는 것입니다. 가격을 책정하는 접근법에는 '원가 기반' 이외에도 '소비자 가치 기반'이나, 경쟁 제품과의 상대적인 위치를 고려한 '경쟁 기반' 등이 있습니다. 이렇게 가격을 책정할 때는 판매하는 가격뿐 아니라, 자사 브랜드와 제품이 점유하고 있는 위치와 가격에 따른 다양한 손익 변화까지 고려해야 합니다.

셋, 유통(Place)은 제품이 소비자에게 전달되는 방법과 경로입니다. 온오프라인을 포함한 유통 채널 설정, 전략적 우선순위 선정, 유통 채널별 적합한 제품과 가격 운영 방향 선정, 진열 위치 및 방식, 영업 전략과 같이 고객과의 모든 접점에서 발생하는 요인을 고려합니다. 제품의 직접적인 노출(가시성)과 접근성에 영향을 미치는 영역이므로, 핵심 타깃으로 선정한 고객의 구매 행동을 고려해 각 채널을 균형 있게 관리해야 합니다. 특히 팬데믹 이후 각광받았던 D2C를 포함한 자사몰이나 아마존과 같은 해외 유통 등의 특정 채널만을 선호하기 쉬운데, 이러한 편향적인 사고에 빠지지 않도록 주의해야 합니다.

　마지막으로 촉진(Promotion)입니다. 제품이나 서비스를 시장에 알리고 판매하는 과정에서 판매를 촉진하는 다양한 활동을 포함하지요. 일반적으로 각종 온오프라인 매체를 통해 제품의 특징을 전달하는 광고, 신뢰 있는 언론 등을 활용해 알리는 홍보(MPR, Marketing Public Relations), 각종 소비자 및 유통 프로모션, 온오프라인 이벤트, 구매 접점에서 일어나는 세일즈 프로모션 등이 이에 속합니다. 어떤 목적을 가지고, 어떤 커뮤니케이션 메시지로, 어떤 채널을 활용해, 얼마의 인풋과 아웃풋을 넣을지를 고려한 다양한 활동을 조합해 활용합니다. 퍼포먼스 마케팅이나 콘텐츠 마케팅이라고 부르는 프로모션 툴이 여기에 속하지요. 브랜드 인지도를 높이고 소비자가 구매 허들을 넘어 최종적으로 고객이 되기까지의 구매 결정 과정에 영향을 미칩니다.

　즉 4P는 어떤 제품을 만들고, 얼마의 가격을 책정하고, 어떻게 유통하며, 어떤 커뮤니케이션 채널에서 무슨 메시지를 전달할지, 브랜드라고 하는 코어와 기준을 바탕으로 결정해야 비로소 일관성이 생깁니다.

상하목장 역시 내부의 엄격한 브랜드 적용 기준을 가지고 출시하려는 제품, 가격대, 디자인 방향성, 광고 콘텐츠와 카피 등이 브랜드에 적합한지 판단한 다음 결정합니다. 경영과 마케팅 '자원의 효율성'이라는 대전제를 깔고 있다는 점에 비춰볼 때, 마케팅 4P 활동 하나하나가 통일된 방향성을 유지해야 가장 효율적이면서 강력한 힘을 가질 수 있습니다.

이와 같은 맥락으로 브랜드에서 중요한 또 다른 요소가 바로 '일관성'입니다. 현대 브랜드 이론의 아버지로 불리는 데이비드 아커(David Aaker)도 그의 '브랜드 자산 이론(Brand Equity)'에서 브랜드 인지도(Brand Awareness), 지각된 품질(Perceived Quality), 브랜드 연상(Brand Associations), 브랜드 충성도(Brand Loyalty)가 기업과 고객의 가치를 창출하며 마케팅 효율성을 높인다고 합니다. 일관된 브랜드 아이덴티티가 마케팅 활동의 시너지 효과를 낸다고 했지요. 따라서 실무에서도 브랜드 전략 수정 및 리뉴얼 등의 아이덴티티 변화가 너무 잦으면 마케팅 4P 활동의 일관성을 해치고 자원의 비효율을 유발한다는 사실을 꼭 명심해야 합니다.

마케팅을 완성하는 '브랜드 매니저'

마케팅 전략과 전술의 일관성을 끌고 가는 힘은 결국 시장을 보는 사업가적 시각과 내외부 업무 상황을 속속들이 파악하는 능력에 있습니다. 소비재 기업에서는 사업과 브랜드 관리를 담당하는 직무를 만들어 '브랜드 매니저(Brand Manager)', 줄여서 BM이라고 부릅니다. 브랜드 매니저는 언뜻 '브랜드를 관리하는 사람'으로 비춰져, 브랜드의 디자인 등 외형적인 부분만 관리하는 것처럼 잘못 해석되기도 합니다. 하지만 기업 내에서 이들이 관리하는 업무의 범위는 훨씬 넓습니다. 브랜드 매니저의 사전적인 개념은 '브랜드와 관련된 모든 업무를 총괄적으로 관리하는 사람'으로, 특정 브랜드의 마케팅 활동과 성장에 대한 의무를 진다고 명시되어 있습니다. 따라서 브랜드 매니저는 자신이 수행하는 사업의 내외부 환경을 아는 것은 물론, 협업하는 생산·영업·개발·광고·유통 등의 다양한 밸류체인에 대해서도 깊이 이해하고 있어야 합니다.

그렇다면 기업에 브랜드 매니저와 같은 직무가 필요한 이유는 무엇일까요? 경영학의 조직관리론을 보면 산업화가 이루어진 이후부터 기업은 운영의 효율을 위해 '기능'을 기준으로 조직을 나누었습니다. 제조업을 기준으로 보면 생산, 연구개발, 영업, 광고 홍보, 물류 등의 밸류체인을 나누어 조직을 운영하는 것이 기본적입니다. 현재까지도 조직 기능의 전문성을 기준으로 분업해 운영하는 이런 방법이 가장 효율적인 조직 관리 방법으로 여겨집니다. 하지만 사업의 규모가 커질수록 수직적 구조가 지닌 치명적인 문제가 드러납니다. 바로 사업의 성과를 책임지는 사람이 없다는 것입니다. 이는 마케팅 조직의 존재 가치를 의심하는 잘못된 인식이 자리 잡게 된 원인이기도 합니다.

조직의 성과를 평가하기 위해 설정한 서로 다른 목표들이 시너지를 내지 못하면, 사업 부진과 실패의 책임 소재를 논하는 비효율이 발생하게 됩니다. 생산팀은 열심히 만들었는데 영업팀이 팔지 못했다거나, 영업팀은 열심히 판매처를 늘렸는데 마케팅의 문제로 회전이 안 되었다는 말이 나옵니다. 그러면 마케팅팀은 제품 설계와 개발이 잘못되었다고 반박하며 결국 서로를 탓하는 악순환을 반복하게 됩니다.

기존의 마케팅 조직은 이미 출시된 제품과 서비스의 광고 홍보만을 주업으로 하다 보니 판매 성과, 수익성 지표, 신제품 개발 등의 사업 운영에 대한 책임을 지지 않기도 했죠. 이런 수직적 조직 구조의 단점을 극복하기 위해 등장한 개념이 바로 매트릭스형 조직 구조입니다. 브랜

모든 마케터는 사업가다

드 매니저라는 직무의 개념은 1931년 P&G그룹의 마케팅 매니저였던 닉 맥엘로이(Neil H. McElroy)의 내부 메모에서 비롯되었습니다. P&G 그룹에서 '카메이(Camay)'라는 브랜드의 비누를 담당하던 그는 자사의 수많은 비누가 같은 시장에서 동일한 소비자를 대상으로 서로 자리 쟁탈전을 벌이고 있다는 사실을 발견했습니다. 그래서 카메이 비누의 성과는 물론이고 다른 제품에도 집중할 수 있는 마케팅 실행 방법을 고민하게 됩니다. 어떻게 문제를 해결하고 더 넓은 시장을 점유할 수 있을지 고민한 끝에 '브랜드 담당자 한 명으로는 충분하지 않다'라는 결론을 도출했습니다. 마케팅의 모든 측면을 완성하기 위해 브랜드 하나에만 전념하는 사람들로 팀을 구성해야 한다는 내용이었죠. 이 메모가 전사적으로 지지를 받아 P&G그룹에는 브랜드 매니저라는 직책이 처음 생기게 되었습니다.

망하는 컨셉의 4가지 공식

유명 개그 웹툰 〈마음의 소리〉에서 인상 깊게 본 내용이 있습니다. 웹툰 주인공 조석은 어느 날 온라인 쇼핑몰을 보다가 마음에 드는 의자를 구매합니다. 배송받은 의자를 보고 조석은 "인체공학적 설계로 척추부를 보호해 주고 피로감이 덜한 유럽 인기 의자"라며 가족들에게 자랑을 하지요. 그렇지만 막상 식탁 앞에 놓으니, 식탁에 비해 의자가 지나치게 높아 제대로 사용할 수 없는 웃지 못할 일이 벌어졌습니다. 조석은 의자에 앉아 공중에서 불편한 자세로 식사하며, 편하고 척추가 보호된다고 자신의 소비를 합리화하죠.

이 장면은 소비자의 사용 환경을 전혀 고려하지 않은, 즉 '소비자혜택'이 결여된 제품을 선택한 소비자를 통해 독자들에게 웃음을 안겨줍니다. 개그 웹툰 속 일화지만, 우리 주변의 비즈니스 현실에서도 얼마든지 일어날 수 있는 일이라 그저 웃을 수만은 없습니다. 우리 마케터들도 제품을 기획하고 광고하고 판매하는 과정에서 소비자들이 코웃음 칠 내용으로 '공급자만의 매력'을 강요하고 있지는 않은지 돌이켜 볼 필요가 있다고 생각합니다.

2019년 하반기에 온라인 커뮤니티와 누리꾼들 사이에서 화제가 되었던 이어폰이 있었습니다. 바로 음향기기 업계의 강자라 불리는 아이리버의 유선 블루투스 이어폰 '아이리버 IWB'입니다. 애플 창업자 스티브 잡스가 아이팟의 유일한 경쟁 상대로 지목했던 아이리버는 2000년대 초반 MP3 플레이어로 국내외 시장점유율 1위를 기록하기도 했습니다. 2014년 SKT에 인수된 후 오디오 플랫폼 '플로(FLO)'를 운영하고 다양한 생활 가전도 출시하며 명맥을 이어오고 있죠.

2019년, 아이리버는 유선 블루투스 이어폰 아이리버 IWB를 출시하며 경쟁자들과는 다른 전략으로 야심차게 국내 이어폰 시장을 공략했습니다. 블루투스로 연결해 선의 제약이 없는 무선 이어폰이 시장을 선도하는 이 시대에 유선 블루투스라니. 벌써 고개를 갸우뚱하는 독자들의 모습이 눈에 훤하지만, 우선 이들이 하는 이야기를 한번 들어보겠습니다.

온라인 상세 페이지에 따르면 3.5mm 이어폰 단자가 없어도 스마트폰 충전 포트에 연결해 배터리 없이 작동하는 '유선 블루투스 이어폰'이 아이리버 IWB의 핵심 컨셉입니다. 이 제품은 8핀 커넥

터로 아이폰이나 아이패드에 연결한 뒤, 블루투스를 통해 유선으로 사운드를 재생할 수 있습니다. 충전이 필요 없는 블루투스 이어폰, 꼬이지 않는 특수 코팅 케이블, 리모트 컨트롤러를 통한 편리한 조작 등 다양한 특장점을 갖추었다고 말이죠. 일각에서는 아이리버가 이런 제품을 출시한 건 애플 라이선스 정책에 따라 아이팟에 필요한 Mfi(Made For i) 인증을 받은 IC칩과 로열티 원가 부담을 피하기 위해서라고 추측하기도 합니다. 기존 무선 이어폰의 단점인 가격 부담과 아이폰용 유선 이어폰의 단점인 원가 부담을 해결하는 '저가형' 포지셔닝으로 소비자를 만족시키려는 고객 지향적 기획 의도가 숨겨져 있는 건 아닌가, 하고 추론한 것이지요.

자, 그럼 소비자의 입장은 어떨까요? 가장 큰 아이러니는 블루투스 이어폰임에도 무선의 자유로움을 경험할 수 없다는 점입니다. 게다가 처음 유선 연결 시 블루투스 연동 과정을 거쳐야 하는 번거로움이 따릅니다. 충전이 필요 없다는 점을 강조하지만, 원래 우리가 사용해 온 유선 이어폰은 충전을 하지 않아도 되었습니다. 가격 또한 1만 7,000원대로 저렴하지 않았고, 유선 이어폰의 핵심 구매 고려 요인인 음질마저 중국산 저가형 블루투스 이어폰 수준에 그쳤습니다. 결과적으로 소비자가 제품을 구매해야 할 이유를 단 하나도 제시하지 못했습니다. 이러한 이유로 아이리버 IWB는 여러 IT 인플루언서, 유튜버, 블로거들에게 비판받았고, 무선과 유선의 단점을 결합한 '끔찍한 혼종'이라는 혹평을 피할 수 없었습니다.

모든 마케터는 사업가다

왜 이런 참사가 벌어졌을까요? 앞서 보았던 웹툰 사례와 마찬가지로 소비자 혜택을 배제한 채 복잡하고 그럴듯한 '공급자 중심의 매력'으로만 접근했기 때문입니다. 시장 내 경쟁 플레이어들이 지니지 못한 새로운 방식으로 차별화하려고 했지만, 가장 기본적으로 갖춰야 하는 '음질'이나 '편의성' 같은 소비자의 기본 니즈와 혜택을 무시한 것입니다. 그 결과 기업 브랜드 이미지에도 부정적인 영향을 끼치게 되었죠.

또 다른 사례로 매일유업이 2017년에 야심 차게 출시한 곡물 음료 '헤이! 미스터 브라운'을 들 수 있습니다. 이처럼 다양한 제품의 특징을 섞어서 대중에게 전달하는 경우도 반드시 주의해야 한다는 교훈을 주고 있지요. 이 제품은 다양한 슈퍼 곡물로 당 함량 없이 에너지와 포만감을 제공한다는 컨셉으로, 고객의 다양한 니즈를 충족하기 위해 개발되었습니다. 브랜드 론칭과 함께 빅 모델 '헨리'를 기용해 광고 영상과 디지털 캠페인을 진행했으며, 헨리와 영상통화를 하면 편의점에서 무료로 제품을 받을 수 있는 모바일 쿠폰을 주는 등 다양한 유통 프로모션 활동을 병행하며 큰 공을 들인 제품이었습니다.

헤이! 미스터 브라운은 특장점이 다섯 가지나 있었습니다.

하나, 건강한 슈퍼 곡물로 만든 우유로 기획했습니다. 퀴노아, 오트밀, 검은콩, 병아리콩, 검은깨 등 다섯 가지 이상의 슈퍼 곡물을 함유해 에너지를 채워줍니다.

둘, 초코우유나 딸기우유 같은 가공유의 당 성분을 꺼리는 고객을 위해 설탕을 뺐습니다. 제로 슈거여서 당 걱정이 없습니다.

셋, 바쁜 시간대에 우유로 끼니를 대체하는 이들을 위해 충분한 포만감을 제공합니다.

넷, 두유의 텁텁함을 싫어하는 사람들을 위해 목 넘김이 가벼운 질감을 구현했습니다.

다섯, 우유의 밍밍한 맛을 싫어하는 사람들을 위해 고소한 곡물 맛을 냈습니다.

소비자의 니즈를 이렇게 많이 충족시키고 있는데, 왜 잘못된 컨셉이라고 하는 걸까요? '단순한 것이 최고다(Simple is the Best)'라는 마케팅 업계의 명언처럼 소비자 혜택은 분명하고 뾰족해야 합니다. 소비자의 입장에서 헤이! 미스터 브라운은 혼란 그 자체였습니다. 흰 우유의 깨끗함, 가공유의 달콤함, 두유의 든든함, 견과류의 영양 중 어느 것 하나도 제대로 갖추지 못한 '두유에 물 타고 설탕 뺀 맛을 내는 정체불명의 제품'이었기 때문입니다. 편의점 점주들조차 이 제품을 우유, 가공유, 두유 중 어디에 분류해서 진열해야 할지 몰라 어리둥절해했습니다. 그러니 편의점을 활용한 유통 프로모션마저 효과를 볼 수가 없었습니다.

다양한 장점을 집어넣어 밍밍한 흰 우유를 먹지 않는, 단 가공유를 먹지 않는, 걸쭉한 두유를 먹지 않는, 귀찮아서 견과류를 먹지

모든 마케터는 사업가다

않는 모든 소비자를 만족시키려는 공급자의 욕심이 메시지의 힘을 분산시키기만 한 것입니다. 결국 헤이! 미스터 브라운은 20억 원 이상의 막대한 광고와 프로모션 예산을 투자하고도 시장에 정착하지 못한 채 판매 부진을 이어가다 출시 3년 만에 단종되었습니다.

위 사례 외에도 실패한 제품이나 서비스 컨셉의 사례는 많이 있지만, 망하는 컨셉에는 공통적인 공식이 존재합니다.

첫째, 소비자의 혜택보다 '공급자 입장의 특징'에 집중하며 이를 소비자에게 강요합니다. 소비자 혜택을 전달하는 것은 '컨셉팅'의 핵심 원칙으로, 매우 중요한 부분입니다. 앞서 말했듯 이솝 우화 「여우와 두루미」 경우처럼 아무리 훌륭한 음식을 대접해도 상대방이 제대로 먹을 수 없다면 의미가 없습니다. 마찬가지로 제품이나 서비스도 소비자 입장에서 가치를 느낄 수 있어야 합니다. 자신의 돈을 물건과 교환하는(exchange) 소비자는 지출한 금액 이상의 가치(value)를 가진 제품을 기대합니다. 기업의 관점에서 좋다고 생각하는 점을 소비자에게 강요한다면, 소비자는 그 제품이나 서비스를 구매할 이유를 찾을 수 없을 것입니다.

둘째, '질보다 양'으로 승부합니다. 다양한 특징과 혜택을 무작정 섞어서 전달하는 접근 방법입니다. '사공이 많으면 배가 산으로 간다'라는 속담처럼 이 세상에 모든 소비자를 만족시키는 제품은 존재하지 않습니다. 일부 소비재 업계에서는 이러한 컨셉팅 기법을

'짬뽕탕'이나 '만병통치약'과 같은 말로 표현하기도 합니다. 앞서 살펴본 '헤이! 미스터브라운' 사례처럼 좋은 요소들을 다 모은다고 더 좋은 제품이 되지도, 모든 소비자가 우리 제품을 반기지도 않습니다. 오히려 우리 제품만의 차별점이 희미해져 이도 저도 아닌 제품이 될 수 있습니다.

셋째, '전문 용어'를 사용해서 어렵고 복잡하게 특징을 설명합니다. 우리가 제품을 기획하고 판매하는 과정에서 빈번하게 하는 실수 중 하나로, '지식의 저주'라고도 하죠. 해당 업계와 관련 산업 실무자에게 익숙한 내용이니 소비자도 알 거라고 착각하는 것입니다. 구매자와 실사용자가 다른 B2B 비즈니스거나, 숙련도와 관여도가 매우 높은 전문가가 소비자인 경우 등을 제외하면 일반 소비자에게는 달가운 일이 아닙니다. 혼란과 짜증을 유발해 경쟁재를 선택하는 상황으로 이어질 뿐이죠. 전문 용어로 어렵게 쓴다고 해서 '있어 보이지' 않습니다. 오히려 소비자의 언어로 간단하고 명확하게 설명할 때, 제품의 혜택을 효과적으로 전달할 수 있습니다.

넷째, '남들과 똑같은 이야기'입니다. 우리 제품만의 독특한 특징이라고 내세우던 것이 사실은 기존의 경쟁재도 이미 갖추고 있거나 당연히 제공해야 할 기본적인 특징인 경우죠. 예를 들어 '100% 국내산 원재료 사용', '무첨가제', '유기농 인증' 같은 요소는 분명 차별화된 소구점이 될 수 있습니다. 그러나 경쟁 시장에서 대부분의 제품이 공통적으로 내세우고 있는 특징이라면 더 이상 경쟁력

모든 마케터는 사업가다

을 가질 수 없겠죠. '충전이 필요 없는 유선 블루투스 이어폰'이라는 특별함을 강조해도 애초에 유선 이어폰은 충전이 필요하지 않기 때문에 소비자에게 혜택이 될 수가 없는 것입니다. 필립 코틀러가 컨셉의 핵심 경쟁력을 "고객이 원하는 만족을 라이벌보다 더 좋은 방법으로 제공할 수 있느냐"라고 정의한 것도 이와 같은 맥락입니다. 소비자가 왜 경쟁재가 아닌 우리 제품을 선택해야 하는지 그 '명분'을 제공하기 위해선, 비즈니스 마인드로 시장을 분석하고 기존에는 없던 '차별화 요소'를 발굴해야 합니다.

앞서 본 실패 사례들은 '어떻게 저런 제품을 만들 수 있지?'라는 의문을 자아냅니다. 하지만 실무에서 마케팅 컨셉을 기획하다 보면 이와 같은 함정에 빠지는 일이 흔합니다. 시장과 경쟁사와 소비자를 넓은 시야로 보지 못하고, 내 제품의 기술과 특징만을 더 깊이 보기 때문이죠. 이를 인지하지 못한 채 제품을 시장에 출시하면 소비자의 외면은 물론 큰 경제적 손실을 초래할 수 있습니다.

반면 비즈니스 관점에서 마케팅 컨셉을 기획하면 망하는 컨셉을 피할 방법이 무궁무진합니다. 마케팅 컨셉은 단순히 '제품'에만 국한되지 않고, 마케팅 4P 전반에 적용될 수 있기 때문입니다. 예를 들어 경쟁재와 유사한 품질의 제품을 확연히 낮은 '가격'으로 내놓아 경제적 혜택을 제공하거나, 경쟁사가 입점하지 않은 '채널'에서 구입할 수 있게 하거나, 특별한 증정품을 제공하는 '프로모션'을 하는 방법들을 활용해 보는 것이죠. 이처럼 올바른 마케팅 컨셉은 시장과 소비자를 깊이 이해하는 명확한 정의에서부터 시작합니다.

모든 마케터는 사업가다

04 생존하는 컨셉의 3가지 공식

시장에서 생존하는 컨셉에도 공식이 있습니다. 당연한 이야기지만 앞서 보았던 망하는 컨셉과 정반대의 방식으로 컨셉을 기획하는 것이지요. 컨셉으로 성공한 사례에는 무엇이 있을까요? 개인적으로 저는 남성용 화장품 '우르오스'가 가장 먼저 떠오릅니다.

유로모니터에 따르면 2020년 국내 남성용 화장품 시장의 규모는 약 1조 4000억 원이었다고 합니다. 당시 한국 남성의 1인당 화장품 구매 비용은 세계 1위(45달러)로, 프랑스나 미국의 열 배 수준이었다고 합니다. 올리브영과 같은 국내 H&B 스토어에 남성 제품군이 1,000여 개가 있다고 하는데, 얼마나 많은 제품이 경쟁하고 있는 건지 감이 오나요?

2010년대 남성 화장품을 살펴보면 대부분의 제품이 블랙이나 블루를 대표 컬러로 내세워 비슷한 분위기를 내고 있었습니다. 특히 잘생긴 남자 연예인을 모델로 내세워 기능보다는 이미지를 강조하고, '이 제품을 사용하면 당신도 이렇게 될 수 있다'라는 뻔한 메시지만 전달했습니다. 그러던 와중에 후발주자로 시장에 등장한 한국오츠카의 우르오스는 완전히 다른 길을 택합니다. 남성 화장품 시장의 고객을 '그루밍족'과 '보통 남성'으로 구분하는 접근법을 선보인 것입니다. 한국오츠카는 1인당 지출액은 적지만 수가 많은 보통 남성을 집중 공략하는 방향을 잡았습니다.

한국오츠카는 제품을 시장에 내보이기 전에 소비자 조사에 굉장히 많은 공을 들였다고 합니다. 조사 결과를 보니, 일반적인 남성은 그루밍족과 몇 가지 다른 점이 있었다고 합니다. 샤워 시간은 15분 이내고, 사용하는 화장품 개수는 두 개 이하라 화장품을 구매하는 빈도도 낮고 높은 비용을 지불하지도 않았습니다. 이런 보통의 남성이 구매력은 낮지만 남성 화장품 시장의 90%를 차지하고 있었죠. 그래서 우르오스는 자신을 꾸미는 데 능숙한 그루밍족이 아닌, 보통 남자를 이해하는 화장품을 개발하게 되었습니다. 미용에 시간을 들이는 게 귀찮은 남자들에게 '최소한의 노력으로 최적의 효과를 내는 화장품'이라는 소비자 혜택을 제공하기로 한 것입니다.

우르오스는 처음 제품을 출시할 때 내세웠던 브랜드와 컨셉을 지금까지도 유지하고 있습니다. 10년간 광고 모델과 카피 정도의 작은 변주만 주며, 히트 상품의 자리를 굳건히 지키고 있는 것입니

모든 마케터는 사업가다

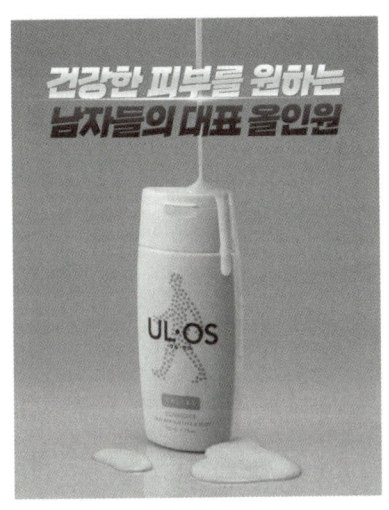

한국오츠카의 우르오스

다. 우르오스의 성공 이후 비슷한 올인원 제품들이 출시되고 있지만, '보통 남자' 시장을 먼저 선점한 우르오스를 넘어서기는 여전히 쉽지 않은 상황입니다.

우르오스의 사례를 보며 저는 '생존하는 컨셉의 세 가지 공식'을 다시금 점검해 볼 수 있었습니다.

첫째, '소비자가 원하는 혜택에 집중하는 것'입니다. 더 나은 방식과 차별화만을 고민하다 보면 잘못된 과몰입을 하는 실수를 범하곤 하는데, 컨셉의 가장 기본적인 요소인 '소비자가 받을 혜택'

에 집중하고 있는지 다시 한번 점검하는 것입니다. 앞서 살펴보았던 망한 컨셉을 가진 제품과 서비스가 공급자 입장에서 유용한 특징을 소비자에게 강요했던 것을 기억해 보시면 무슨 말인지 와닿을 겁니다. 이는 모든 커뮤니케이션과 마케팅에서 가장 중요한 핵심 가치인 '상대방의 입장에서'와도 맥락을 같이합니다. 컨셉은 결국 소비자가 필요로 하는, 불편을 해결해 주는 혜택을 제공해야 합니다. 우르오스가 '최소한의 노력으로 한 번에 건강한 피부를'이라는 소비자 혜택을 성공적으로 제공한 것처럼 말입니다.

이를테면 '우리 치약은 어떤 의사가 설계하였고, 어느 제조 공정에서 만들었고, 액상을 바르고 과립을 찍어 사용하는 독특한 이중 사용 방식을 가졌다'가 중요한 내용이 아니라는 겁니다. 소비자의 입장과 혜택에 집중해 보면, '충치 예방 효과가 더 뛰어나거나, 구취 제거 능력이 더 높거나, 항균 작용이 다른 제품보다 뛰어나다'와 같이 개인에게 직접적인 영향이 있는 내용이 중요합니다. 제품과 서비스뿐만 아니라 온라인 상세 페이지와 같은 프로모션 활동에서도 마찬가지입니다. 잘 만든 온라인 상세 페이지는 자사 제품과 서비스의 기술적 우위나 특징만을 단순히 나열하기만 하지 않습니다. 우리의 기술과 특징을 통해 소비자가 취하게 될 '혜택'에 집중합니다. 소비자에게 전달하려는 핵심 혜택을 먼저 내세우고, 이 혜택을 뒷받침하는 데이터와 기술적 세부 사항을 활용해 신뢰감을 높이죠. 이를 통해 소비자는 나와 무관한 내용을 강요받는 불편함

모든 마케터는 사업가다

을 느끼는 대신, 나의 불편을 해결해 주는 제품의 가치, 즉 '소비자 혜택'을 확신하게 됩니다.

둘째, '간결한 핵심 메시지'로 쉽게 전달하는 것입니다. 이를 글로벌 광고회사 등에서는 CSM(Critical Single Message)이라고 표현하기도 하는데, 커뮤니케이션 과잉 시대를 살아가는 오늘날의 소비자를 대할 때 명심해야 할 중요한 원칙이기도 합니다. 미국의 한 조사에 따르면 현대인들은 하루에 2,000여 개가 넘는 광고 메시지에 노출된다고 합니다. 모바일 광고, PPL, 신문, 옥외광고 등 다양한 채널에서 수없이 쏟아지는 정보 속에서 소비자들은 점점 더 까다롭게 정보를 선택하게 되었지요. 게다가 PC와 스마트폰 사용 시간이 증가하며 기억력과 집중력이 저하되는 현상이 나타나고 있습니다. 특히 '팝콘 브레인'이라는 용어가 현대사회의 정신 건강 문제로 언급될 만큼, 인간이 외부 정보를 기억하는 시간조차 짧아지고 있습니다. 한 연구 결과에서는 현대인이 정보를 기억하는 평균 시간은 단 2초에 불과하며, 인간은 붕어보다도 머리가 나쁜 존재라고 표현하고 있지요. 평균적으로 소비자에게 광고가 2.5회 노출되면 브랜드와 메시지를 인지시킬 수 있다는 광고학 이론을 과거에 배운 적이 있습니다. 하지만 매체 환경의 변화에 따라 이 이론에도 업데이트가 필요해 보입니다. 정보 과잉과 인지 자원의 한계를 극복하기 위해서 메시지는 이전보다 더 짧고 간결해져야 할 필요가 있습니다. 우르오스의 경우에도 '남자를 아니까'라는 간결한 표현을 전달해 왔습니다. 이처럼 소비자들에게 깊은 인상을 남기고 오랫동안 기억되려면, 날카롭게 만든 동일한 메시지를 반복해서 이야기해야 합니다. 단단한 바위에 글을 새기려면 날카롭게 갈린 정으로 같은 위치에 반복해서 힘을 가해야 하는 것처럼, 소비자의 마음에도 간결한 메시지를 반복해서 전해야만 살아남을 수 있음을 기억하기를 바랍니다.

셋째, 나만이 제공할 수 있는 '선택의 명분'을 만들어야 합니다. 앞서 살펴보았던 망한 컨셉처럼 내가 내세우는 특징들이 어디에서나 쉽게 들어볼 수 있는 이야기라면 그저 그런 '그들 중 하나(One of Them)'가 될 뿐입니다. 소비자가 제품을 구매할 때 중요하게 고려하는 요소 중 단 하나라도 경쟁재보다 우위에 있어야 합니다. 그 차별점은 제품의 효과나 원산지, 맛, 제조 공법, 또는 휴대성과 같은 기능적 요소일 수 있습니다. 또는 디자인이나 색감, 브랜드 스토리, 신뢰도, 유명인의 보증과 같은 감성적 요소가 되기도 하지요. 앞서 등장한 우르오스의 경우에는 '보통 남자를 위한 올인원 화장품'이라는 카피로 핵심적이고 분명한 명분을 세우고 있습니다.

만약 경쟁 시장에서 제품의 스펙이 동일하다면 가격, 한정된 유통, 증정 및 프로모션과 같은 차별화 요소로라도 소비자에게 특별한 가치를 제공할 수 있어야 합니다. 핵심은 변하지 않습니다. 많은 경쟁재 사이에서 나를 선택해야만 하는 명분을 느끼게 하는 것. 그것이 바로 '선택해야 할 이유(RTB)'이며 소비자를 '설득'하는 필수 요소입니다.

제가 담당했었던 매일유업의 유아식 브랜드 '맘마밀'에서도 생존하는 컨셉의 조건을 확인할 수 있습니다. 2010년 이전 국내에는 '분말 형태의 캔 이유식'이 국내 시판 이유식 시장을 주도해 왔습니다. 이후 소득 수준 증가와 식품 기술 발전에 따라 '레토르트 죽 타입' 제품들로 유아식 시장이 변화했습니다. 2010년대 중반 이후 '베베쿡' 같은 배달 이유식 브랜드들이 〈슈퍼맨이 돌아왔다〉 등의 예능 프로그램 PPL 광고 활동으로 인지도를 쌓으며 입지를 넓혀갔습니다. 하지만 지속적인 출산율 저하로 인한 타깃 인구수 감소와 LG생활건강과 같은 신규 경쟁 플레이어들의 진입까지 늘어나며, 국내 이유식 시장의 매력도는 갈수록 감소하는 상황이었습니다.

당시 매일유업 맘마밀에게 이러한 국내 유아식 시장 변화는 성장 동력을 잃는 위기에 가까웠습니다. 매일유업은 '오뚜기 3분 카레'처럼 파우치로 포장한 죽 타입 제품 '맘마밀 보글보글'을 판매하고 있었지만 지속적인 매출 하락과 손익 차질로 사업의 지속 여부까지 흔들리고 있었습니다. 사업의 성장 동력을 만들려면 몇 가지 과제를 해결해야 했습니다. '레토로트 제품에 방부제가 들어 있다'라는 잘못된 정보와 루머로 소비자의 신뢰를 형성하지 못한 것, 이를 감안하고 이용하기에 기존 포장이 대단히 편리하지도 않다는 것이었습니다. 맘마밀 보글보글을 아이가 먹으려면 내용물이 담긴

파우치 포장지를 찢어서, 별도로 준비한 그릇에 부어, 전자레인지에 데워, 숟가락을 준비해 와, 엄마가 양손으로 아이에게 먹여주어야 하는 다섯 단계를 거쳐야 했습니다. 육아의 질을 높여주지 못하는 제품이었기에, 정말로 급하게 이유식이 필요한 심야 시간 같은 때가 아니면 쉽게 손이 가는 제품은 아니었던 것입니다.

매일유업은 2015년 인스타그램으로 대표되는 SNS 매체의 성장을 기반으로 유아식 시장에도 큰 변화가 있을 것으로 예상하고, 이들을 공략하기 위해 기존 '맘마밀 보글보글'을 대체할 신제품을 개발하기로 결정했습니다. 그렇게 맘마밀은 기존 제품의 취약점인 취식의 '불안'과 '불편'을 해결하는 제품 컨셉을 고안하는 데 성공했습니다. 먼저 QR코드를 활용해 제품 생산 로트(일정 간격 내에 생산되는 생산량)별로 이유식의 주원료인 쌀의 도정일과 제조 공정을 공개하는 '맘마밀 안심 정보공개시스템'을 구축했고, 사내 소아과 전문의가 설계했다는 소구점으로 신뢰를 더해 '불안 요소'를 줄였습니다. 그리고 아이에게 짜서 먹일 수 있어 '숟가락이 필요 없는 이유식'을 업계 최초로 도입했습니다. 신제품은 전자레인지에 돌려서 바로 섭취할 수 있는 형태로 소비자의 취식 편의성을 극대화했지요.

이렇게 출시된 '맘마밀 안심 이유식'으로 부모는 아이에게 보다 편리하게 이유식을 먹일 수 있게 되었습니다. 심지어는 아이가 직접 짜서 먹을 수도 있는 제품이었습니다. 헌신적인 육아를 당연시했던 기성세대 엄마들과 달리 본인의 행복과 경험도 소중하게 여

모든 마케터는 사업가다

매일유업의 맘마밀 안심 이유식

기는 밀레니얼세대 엄마들에게 '두 손이 자유로워지는 경험'이라는 소비자 혜택을 누리게 해준 것이죠. 이 제품은 단순히 이유식을 제공하는 것을 넘어 엄마들이 육아하면서도 맛있는 식사를 즐기고 사진을 찍으며 SNS로 소통할 수 있는 여유를 만들어주었습니다. 이러한 특장점 덕분에 맘마밀 신제품은 "집, 여행, 외출, 소풍 등의 외부 활동 시 편하게 가지고 다니기 간편하다" 엄마들 사이에서 입소문이 나며 폭발적인 반응을 얻게 되었습니다.

이를 생존하는 컨셉의 세 가지 공식에 대입해 보면, 맘마밀 안심 이유식은 '엄마들이 더 편하고 행복해지는' 소비자 혜택을, '더 안전하고, 더 편리한 이유식'이라는 간결한 메시지로 전달하며, '최초의 스파우트 파우치 패키지인 짜 먹는 이유식'이라는 선택의 명분을 제공했다는 것을 알 수 있습니다. 그 결과 맘마밀 안심 이유식은 기존 제품인 맘마밀 보글보글보다 약 열 배 높은 매출을 기록하며 시장 1위로 올라섰습니다. 이후 제품 라인업을 확장해 과일과 야채 퓨레 이유식 등 열 종 이상의 다양한 제품을 선보였고, 2세 이상의 유아들이 먹을 수 있는 조리식 '안심 밥상' 라인업으로 소비자 선택의 범위를 넓혔습니다. 맘마밀 안심 이유식 출시 이후 유사한 패키지를 내세운 여러 미투 제품들이 등장했지만, 매일유업이라는 브랜드가 가진 신뢰도와 품질 보증 덕분에 여전히 시장에서 1위 브랜드의 위치를 고수하고 있습니다. 개인적으로는 최근 국내외 여행이 다시 활발해짐에 따라 새로운 소비자층 유입과 매출 성장이 지속되리라 예상합니다.

LG전자의 히트 상품 '트롬 스타일러'는 더욱 편리한 가사 생활을 추구하는 젊은 소비층의 니즈를 충족시키기 위해 탄생했습니다. 이 제품은 '터치 한 번에 옷을 알아서 다려주고, 소독까지 해주는' 컨셉으로, '매일 빨 수 없는 옷, 매일 씻어 입자!'라는 슬로건과 함께 의류 관리의 획기적인 패러다임을 이끌었습니다. 트롬 스타일러는 특히 집안일 스트레스와 잦은 세탁으로 인한 옷감 손상 우려를 효과적으로 해소하는 소비자 혜택을 제공하며, 맞벌이 신혼부부가 반드시 구매해야 하는 혼수 제품으로 자리 잡았습니다.

CJ제일제당 건강식품사업부(현 CJ웰케어)의 스테디셀러 제품인 '한뿌리' 역시 '인삼 한 뿌리의 효능이 그대로 살아 있다'라는 차별화된 컨셉으로 출시되어, 10년 넘게 인기리에 판매되고 있습니다. 한뿌리는 직관적인 네이밍을 통해 '제대로 된 인삼의 효능'을 섭취할 수 있다는 혜택을, 인삼에 우유와 꿀을 더한 맛으로 차별화된 경험을 소비자에게 제공했습니다. 홍삼 농축액 1% 미만의 저가 홍삼맛 음료가 넘쳐나던 기존 시장에서, 한뿌리는 단순하지만 명확한 혜택과 메시지로 고가의 성분을 선호하는 타깃에게 어필하며 생존할 수 있었습니다.

2025년 우리는 현재 극한의 사업 한랭기를 살아가고 있습니다. 중산층이 무너지며 혹자들은 현재 국내 경기를 IMF 금융위기를 겪었던 1990년대 후반보다 더 어려운 상황이라고 말하기도 합니다. 경쟁 환경은 국내뿐만 아니라 해외로 넓어지며 수십 개의 경쟁 및 대체재들과 싸워야 하는 상황이 되었습니다. 다양한 생존 사례가 보여주듯, 이제는 더 세밀하게 정의한 타깃층에게 엣지 있는 메시지로 나만의 혜택을 주어야만 생존이 가능한 시대입니다. 조금 엉뚱하거나 덜 범용적이더라도, 조금 더 극단적이더라도 나만의 이야기를 자신 있게 할 수 있는 제품을 기획하는 것이야말로 '생존의 시대'에 살아남는 방법입니다.

CHAPTER
3

성공하는
마케팅 컨셉의
8가지 법칙

01

1등이 되고 싶다면

① Only one을 만들어라

'세상에서 가장 똑똑한 사람은 사람들이 가장 똑똑하다고 말하는 사람이다'라는 말이 있습니다. 사실 여부나 수치, 증명서 같은 자료보다 사람들의 인식에 남으면 그걸로 된다는 뜻입니다. 소비자의 인식에 먼저 각인되면, 경쟁사에서 더 좋은 제품을 출시하더라도 사람들은 우리 제품을 먼저 기억하고 떠올리게 됩니다. 이번 챕터에서는 '차별화된 컨셉팅 법칙'의 가장 강력한 방법인 'Only One 만들기'에 대해 알아보려 합니다.

일 리스(Al Ries)와 잭 트라우트(Jack Trout)가 쓴 마케팅 필독서이자, 출간 후 30여 년간 세계적으로 가장 영향력 있는 마케팅 도서로 알려진 『마케팅 불변의 법칙』의 제1법칙은 바로 '리더십의 법칙(The Laws of Leadership)'입니다. 책에 따르면 대체로 사람들은 처음의 것만 기억에 남기기 때문에, 더 좋은 것이 되기보다 최초가 되는 편이 훨씬 강력한 힘을 가집니다. 최초가 되면 3M의 '스카치테이프'처럼 해당 제품 카테고리를 대표하는 보통명사로 자리 잡는 리더 브랜드가 될 수 있습니다. 내가 가지고 있는 강점 중에서 최초가 될 수 있는 요소를 찾아내, 최초의 타이틀을 붙여서 소비자에게 전달하는 것은 전쟁에서 적군을 이길 수 있는 강력한 무기를 만들어 내는 일과 같습니다. 최초가 되면 시장이 성장하고, 소비자가 많아지며, 시간이 흐를수록 더 강력한 힘을 발휘하는 경우가 많기 때문입니다.

국내 마케팅 성공 사례로 자주 등장하는 CJ제일제당의 '햇반'은 국내 최초의 즉석밥이라는 컨셉으로 1996년 출시됐습니다. 햇반의 런칭 광고로 탤런트 김혜자가 등장해 "제일제당에서 밥이 나왔어요"라고 얘기하던 것이 생생한데, 이제는 국내 시장점유율 1위를 넘어 가공밥 시장을 대표하는 보통명사이자 리더 브랜드로 성장했습니다. 예측해 보건대, 편의성을 추구하는 성향과 싱글 가구의 성장세 속에 가공밥 시장이 성장할수록 '시장의 원조'가 가진 힘은 더욱 강해질 것입니다.

2015년 '국내 최초 새벽 배송' 컨셉으로 신선 식품 배송 시장에 새로운 장을 열었던 컬리는 어느덧 매출액 2조 원이 넘는 거대한 유니콘 기업으로 성장했습니다. 인터브랜드에서 조사한 '2021 대한민국 브랜드 가치 랭킹'에서 당당히 47위에 이름을 올렸고, 현재는 국내 주식시장 상장을 준비하고 있습니다. 물론 약 10년이 흐른 지금은 SSG, 쿠팡, 오아시스 등 너도나도 신선 식품 당일 배송 서비스를 제공하고 있습니다. 하지만 이들이 부랴부랴 준비해 시장에 진입하는 동안, 이미 시장을 리딩하고 있던 컬리는 막강한 인지도와 재무 성과뿐만 아니라 소비자의 마음속 점유율인 마인드 셰어 (Mind Share)까지 소유하게 되었죠.

롯데칠성음료의 생수 브랜드 '아이시스8.0'은 전 세계적으로 ESG와 친환경 열풍이 불어온 2020년 초 '국내 최초의 무라벨 생수'라는 마케팅 컨셉을 활용한 신제품 '아이시스8.0 ECO'를 가장 먼저 시장에 출시했습니다. 지금은 많은 브랜드가 무라벨 생수 제품을 판매하고 있지만, 소비자들은 처음 출시된 제품을 더 쉽게 기억하기에 '삼다수'의 1위 자리를 위협하는 생수 제품이 될지도 모른다는 생각이 듭니다. 더 나아가 아이시스8.0 ECO는 롯데라는 기업에 친환경적인 이미지를 더하는 효과를 만들어내기까지 했으니까요.

매일유업의 발효유 브랜드 '엔요'는 경쟁사인 남양유업 '이오'의 짝퉁 제품이라는 오명을 가지고 20여 년간 시장점유율 10%대를 유지하고 있었습니다. 그러나 2018년 '국내 최초 전용 빨대'라는 마케팅 컨셉으로 리뉴얼한 제품 '엔요100'을 선보이며, 리뉴얼 출시 1년 후인 2019년 시장점유율 1위를 뒤집는 쾌거를 거두었습니다. 이후 친환경 열풍 속에 2020년 6월 전용 빨대를 제거하는 과감한 변화를 시도했음에도, 한번 기울어진 소비자의 마음은 쉽게 변하지 않아 현재도 1위 위상을 유지하고 있습니다.

이렇게 '최초'라는 강력한 무기를 활용하면 햇반처럼 시장을 대표하는 원조 제품이 될 수도 있고, 매일유업 엔요의 성공 사례처럼 마케팅 불변의 법칙 제1번을 뒤집기도 하는 이변을 만들어낼 수 있습니다. 최초나 처음이라는 타이틀을 얻기 위해 반드시 엄청나게 대단하고 어려운 기술과 업적이 있어야만 하는 건 아닙니다. 우리 브랜드나 제품만의 차별점을 소비자에게 처음으로 인식시켜, 나를 선택해야 하는 명분을 만드는 것이 요점입니다. 롯데칠성음료의 맥주 '클라우드 생 드래프트'는 2021년 국내 맥주업계 최초의 투명 페트병을 내세우며 시장에 진입했습니다. 앞서 소개했던 아이시스 8.0 ECO가 최초의 투명 라벨 생수였다면, 클라우드 생 드래프트는 '맥주 업계'라는 평가 영역 내에서 최초라는 점을 부각해 무기를 만들어낸 것이지요. 지금 내가 담당하는 브랜드나 제품, 커뮤니케이션 메시지를 통해 사용할 수 있는 최초의 단초를 찾아보세요. 그리고 이로써 소비자에게 강렬한 인상을 남겨 생존하길 바랍니다.

최초가 되는 것만이 'Only One 만들기'의 전부는 아닙니다. 나만이 가진 것을 활용해 소비자에게 나를 선택할 명분을 제공하는 전략도 존재합니다. 이를 독점, 오리지널, 특허 등의 방법으로 나누어 설명해 보겠습니다.

모든 마케터는 사업가다

롯데칠성음료의 클라우드 생 드래프트

먼저 독점 계약을 활용해 경쟁사가 갖지 못하는 영역을 소유하는 방법이 있습니다. 이 방법은 독점 계약의 파트너가 되는 기존 브랜드와 제품의 가치를 활용할 수 있는 더욱 효율적인 차별화 방식이기 때문에 현장에서 자주 활용되고 있습니다.

쿠팡은 국내 분유 시장이 오프라인에서 온라인으로 옮겨가기 시작한 2015년, 스위스 유기농 분유인 '홀레 분유'를 독점 공급하기 시작했습니다. 기존에는 해외 구매 대행이나 해외 직구 등을 통해서만 구입할 수 있었던 유럽산 수입 분유를, 빠르고 간편하게 구매 가능한 혜택을 제공해 기타 이커머스 플랫폼보다 경쟁 우위를 점할 수 있었습니다. 국내의 아기 엄마들이 정확한 가격이나, 유통기한, 배송일자 등을 정확하게 알지 못했던 불편함을 해결해 주는 동시에, 쿠팡을 사용해야 하는 명분을 하나 더 만든 것이지요.

2019년 코스트코는 현대카드와 새롭게 멤버십 카드 계약을 체결해 국내 카드 시장 점유율에 변화를 일으켰습니다. 200만 명에 달하는 코스트코 회원을 고객으로 유치한 현대카드는 2019년 초 15.5%였던 시장점유율을 2020년 말에는 17.6%까지 끌어올리며 시장 2위 그룹을 바짝 뒤쫓고 있습니다.

독점 계약 방식은 유통사뿐 아니라 제조사에서도 얼마든지 활용이 가능합니다. SPC삼립은 2021년 8월 미국 그릭요거트 시장 1위 요거트 브랜드인 초바니와 독점 계약을 맺고 현대백화점과 컬리 등에 제품을 유통 및 판매해 새로운 수익 모델을 만들어냈습니다. 다른 사례로, 광동제약은 2013년에 국내 1위 생수 브랜드 제주개발공사 삼다수의 독점 유통을 이루어냈습니다. 그뿐 아니라 2014년에는 안국약품의 유명 브랜드 '토비콤'의 약국 영업을 대행하는 판매 제휴 계약을 체결해 기존 강점을 활용한 수익 모델을 만들어냈습니다.

OTT 플랫폼의 오리지널 콘텐츠도 나만의 강점을 만든 인상적인 사례입니다. 넷플릭스는 〈킹덤〉이나 〈스위트홈〉 같은 인기 오리지널 콘텐츠를 선보이며 호평을 얻고 있는 OTT 플랫폼입니다. 2021년 9월 22일에는 넷플릭스 오리지널 시리즈 〈오징어 게임〉을 오리지널 콘텐츠로 독점 방영해, 한국 드라마 최초로 미국 넷플릭스 전체 1위라는 쾌거를 이루며 전 세계적으로 돌풍을 일으켰습니

모든 마케터는 사업가다

다. 이 콘텐츠 하나로 넷플릭스가 거둔 수익은 1조 2400억 원이었습니다. 또 2025년 올해 업로드된 넷플릭스 오리지널 애니메이션 영화 〈케이팝 데몬 헌터스〉도 세계적으로 큰 이슈를 일으키며 스트리밍 플랫폼 역사에 새 기록을 새기고 있습니다. 이처럼 코로나 사태 이후 성장이 가속화된 OTT 업체들의 무한 경쟁 속에서 넷플릭스, 디즈니플러스, 티빙, 웨이브, 쿠팡플레이 등이 앞다퉈 오리지널 콘텐츠를 만드는 이유 역시, 나만이 줄 수 있는 가치를 만들기 위한 노력이라고 생각합니다.

특허 같은 기술을 활용한 방법도 있습니다. 이 방법은 분쟁이나 소송에 휘말려 기존에 쌓아왔던 가치를 한순간에 잃어버릴 수도 있어서 충분한 법적 검토를 거친 후에 추진해야 합니다. 2010년대에 전국에 선풍적인 인기를 끌었던 에어쿠션 화장품을 두고 벌어진 아모레퍼시픽과 LG생활건강 간의 소송전이나, '정용진 선풍기'로 불렸던 날개 없는 선풍기인 다이슨의 '에어 멀티 플라이어'의 중국산 유사 제품과의 소송전은 특허 설정의 중요성을 더 깊이 느끼게 해주는 사례입니다.

특허를 활용한 차별화 기법은 특히 화장품 같은 고관여제품에서 두드러집니다. 애경의 대표 세품 'Age20's 화이트닝 라인'은 독자 개발한 특허 성분인 '톤업 펩타이드'라는 핵심 성분을 통해 다른 미백 경쟁 제품과의 차별화된 엣지를 만들었고, CJ제일제당은 김치에서 추출한 유산균 CJLP133을 자사 건강식품과 김치 등에 마케팅 요소로 활용하고 있습니다.

　바디프랜드는 특허를 활용한 자산 구축을 잘하는 기업으로 유명합니다. 2019년에 특허청에서 발표한 자료에서 치료 보조 기기 분야 특허 출원 1위를 기록한 바디프랜드는 안마 도중 정전될 경우 위치 재설정이 가능한 특허 기술을 접목한 제품을 출시해, 정전이나 단선 등으로 인한 사고를 방지할 수 있는 혜택을 제공했습니다.

모든 마케터는 사업가다

02

1등이 되고 싶다면

② 최상급을 만들어라

"활명수가 국내에서 가장 많이 팔린 소화제래?"

"LG 그램이 제일 가벼운 노트북이라 휴대하기 좋다는데!"

"제일 매운 라면인 핵불닭볶음면이 별로 안 맵다고? 대단한걸?"

'최상급 만들기'는 Only One과 마찬가지로 나만이 쓸 수 있는 표현이 되기 때문에 강력한 마케팅 효과를 이끌어낼 수 있습니다. 최상급이란 시장의 경쟁 및 대체 플레이어와 비교해 가장 높은 수치를 만들어 차별화된 경쟁력을 보유하는 것입니다. 카테고리 내에서 '가장' 많고/적고, 높고/낮고, 크고/작고, 빠르고/느리고 등의 표현을 활용한 사례가 이에 해당합니다. '최상급'이라는 단어 자체만 본다면 이를 단순히 '높은' 수치라고 생각할 수 있지만, '낮은' 수치로도 최상급을 만들어 경쟁력을 확보하는 일이 가능합니다.

높은 수치로
최상급 만들기('+'의 방법)

'가장 높다, 가장 많다, 가장 크다' 같은 말을 그냥 지나칠 소비자는 아마 없을 것입니다. 이처럼 수치가 클수록 소비자에게 매력적인 셀링포인트가 되는 사례는 주변에서도 많이 찾아볼 수 있습니다. 가장 많이 팔린, (좋은 성분이) 가장 많은, (역사가) 가장 오래된, 가장 매운, 가장 규모가 큰 사례를 순서대로 살펴보겠습니다.

동화약품의 '활명수'는 액상 소화제 시장에서 120년이 넘도록 1위를 놓치지 않는 장수 의약품으로, 이 시장에서 약 70% 수준의 점유율을 차지하고 있는 부동의 스테디셀러입니다. 그중에서도 소비자에게 가장 친숙한 제품인 '까스활명수'는 1966년 활명수에 탄산가스를 넣어 출시된 이후로 현재까지 판매 1위 자리를 굳건히 지키고 있습니다. '판매 1위'는 업계에서 자주 쓰이는 표현이고, 용량별, 제형별, 시장별로 세분화하여 사용됩니다. '국민 ○○○'이나, '국가대표 ○○○'와 같은 표현으로 돌려서 활용하기도 합니다. '가장 많이 팔린다'는 말만큼 소비자의 신뢰를 얻기 쉽고 실패할 기회비용을 줄여줄 수 있는 말도 없기 때문입니다.

모든 마케터는 사업가다

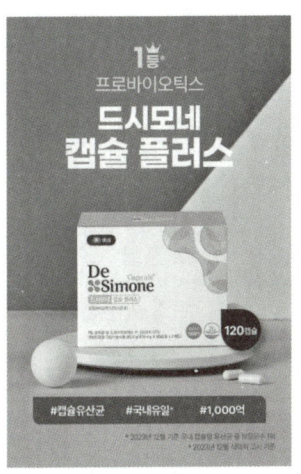

바이오 일레븐의 드시모네

프로바이오틱스 전문 기업 바이오 일레븐이 출시한 '드시모네'는 국내 최대 규모인 4500억 보장균 수를 보유한 건강기능식품 브랜드입니다. 국내 프로바이오틱스 시장은 2010년대 이후 장 건강에 대한 소비자의 관심도가 높아지고, 특히 팬데믹이 장기화되면서 면역에 대한 관심이 늘어 장 면역 기능에 좋은 업그레이드 제품들이 우후죽순처럼 시장에 계속 진입하고 있습니다. 바이오 일레븐은 높은 유산균 '투입균' 수, 즉 미생물 집락수(CFU, Colony Forming Unit) 겨루기를 하던 장 건강 기능성 식품 시장에서 '국내 최대 보장균 수'를 강조하며 차별화를 꾀하였습니다. 또한 한가인이라는 빅모델을 활용했고, '국내 1위 보장균 수 4500억'과 '국내 유일 장 면역 개별 인정 원료'라는 두 가지 차별화 방식을 동시에 내세우며 시장 내 히트 상품으로 떠올랐습니다.

'가장 매운 라면' 하면 어떤 라면이 가장 먼저 떠오르시나요? 아마도 전 세계의 많은 사람들이 망설임 없이 '불닭볶음면'이라고 말할 것입니다. 삼양식품이 2012년 출시한 불닭볶음면은 출시할 때 국내에서 '가장 매운 라면'으로 입소문을 탄 것과 더불어 맛까지 좋아, 국내를 넘어 중국과 동남아시아에서도 대히트를 이어가고 있습니다. 그중에서도 '핵불닭볶음면'은 기존 불닭볶음면보다 두 배 더 매운 8706 스코빌(봉지 라면 기준)로 출시되어 매운맛으로는 최고치를 찍었죠. 더불어 이토록 매운 라면을 먹는 〈불닭볶음면 도전〉 영상이 유튜브 채널 '영국 남자'에 게시된 것을 시작으로 전 세계적으로 '가장 매운' 라면의 대명사가 된 최상급의 대표 사례입니다. 현재 불닭볶음면이 단일브랜드의 연간 매출액이 1조 원에 육박하는 글로벌 스타이자 대한민국을 대표하는 브랜드로 성장한 것을 보면 최상급이 얼마나 강력한 무기가 되었는지 알 수 있습니다.

해태제과의 '연양갱'은 1945년부터 이어진 국내 최장수 과자입니다. 가장 오래된 과자인 만큼 '국민 간식의 원조'라는 키워드를 내세우며 판매 1위를 유지하고 있기도 합니다. '가장 오래되었다'라는 최상급 표현이 그만큼 세대를 넘나들면서 많은 소비자에게 인정받았고, 실패할 가능성을 줄여줄 수 있는 명분이 된 것입니다. 해태제과는 2021년 추석 연휴를 맞아 한국의 미(美)를 담은 '연양갱 추석 선물 세트'를 출시하기도 했는데, 퓨전 동양화가로 세계적인 명성을 얻은 김현정 작가가 그린 그림이 담겨 있어 눈길을 끌었습니다. 이 패키지로 연양갱의 전통성에 젊은 감각을 불어넣은 퓨전 동양화를 선보이며, 자칫 올드한 간식으로 전락할 뻔한 브랜드의 이미지에 신선함을 더해 '국내 최장수 과자' 타이틀을 유지하고 있습니다.

경기도 양평에 가면 국내 최대 규모의 카페를 만날 수 있습니다. 스타벅스 코리아는 개점 21주년을 기념해, 2020년 스타벅스 더양평DT점을 개장했습니다. 1200㎡(364평)로 2020년 기준 국내 최대 규모이며, 1층부터 3층에 걸쳐 총 261석이라는 많은 자리를 보유하고 있습니다. 또 남한강 바로 옆에 자리하고 있어, 오픈 당시

스타벅스 더양평DT점

여름휴가를 맞아 스타벅스를 찾아온 손님들로 발길이 끊이지 않았죠. '국내 최대 규모'와 '스타벅스'라는 강점이 결합되어 최상급의 시너지 효과를 낸 사례입니다.

낮은 수치로
최상급 만들기('-'의 방법)

반드시 높은 수치로만 최상급을 만들어야 하는 것은 아닙니다. 수치가 작을수록 소비자에게 매력적인 셀링포인트가 되는 사례도 많습니다. 이어서 가장 수치가 낮은, 가장 가벼운, 크기가 작은, 성분이 적은 사례를 살펴보겠습니다.

오뚜기에서 2004년에 출시한 '컵누들'은 가장 칼로리가 낮은 라면으로 젊은 여성들에게 유명세를 얻은 스테디셀러입니다. 최근에는 '컵누들 쌀국수 맛', '컵누들 짜장 맛', '컵누들 로제 맛' 등 재고관리코드(SKU, Stock Keeping Unit)를 꾸준히 확장하고 있는데, 기름에 튀기지 않아 건강한 라면이라는 컨셉으로 출시되어 작은 컵 하나의 칼로리가 120kcal에 불과합니다. 낮은 칼로리 덕분에 컵누들은 다이어트 중인 소비자들의 죄책감을 덜어주며 현재까지 마니아층을 유지하고 있습니다. '최저 칼로리'라는 컨셉은 칼로리 때문에 라면을 먹지 않는 타깃층의 선택을 받기에 충분했습니다.

모든 마케터는 사업가다

LG전자의 LG 그램

　LG전자의 'LG 그램'은 '가장 가벼운 노트북'이라는 컨셉으로 휴대성에 대한 수요를 브랜드화한 대표적인 사례입니다. LG 그램이 출시되기 전인 2010년대 초반에는 노트북이 너무 무거워 학교에 두고 다니는 대학생이 많았습니다. 당시 가장 가벼운 제품의 무게가 1.25kg였는데, LG전자는 1kg의 벽을 깬 980g의 LG 그램을 출시해 신드롬을 불러일으켰죠. 그 이후로도 부품 무게를 줄이려는 노력을 거듭한 끝에, 2020년 1190g에 불과한 16인치 노트북인 'LG 그램16'으로 세계 기네스 협회로부터 '세계 최경량 16형 노트북' 인증을 받기도 했습니다.

　'세상에서 가장 작은 즉석카메라'로 SNS상에서 인기를 끈 제품도 있습니다. 폴라로이드의 '폴라로이드 고'라는 제품입니다. 제품

사이즈가 105mm×83.9mm×61.5mm로 스마트폰보다 작은 크기를 자랑하고, 필름의 크기도 66.6mm×53.9mm로 매우 작아 '다꾸(다이어리 꾸미기)'를 즐기는 소비자들의 눈길을 끌었죠. 기존 폴라로이드 카메라는 무게와 사이즈 때문에 휴대하기 불편하다는 단점이 있었는데, 이를 '작은 사이즈'로 개선해 아날로그 감성의 유행을 수익으로 연결한 사례입니다.

『마케팅 불변의 법칙』에는 '영역(카테고리)의 법칙'이라는 내용이 나옵니다. '자신이 최초가 아니라면, 최초가 되는 영역(카테고리)을 만들어라'라는 문장인데요. 경쟁의 판을 재정의해 내가 최초가 될 수 있는 카테고리를 만들고, 그 분야에서 '내가 최초야'라는 메시지로 경쟁력을 확보하는 행위를 의미합니다. 1972년 대서양을 횡단한 최초의 비행사 찰스 린드버그 이후 세 번째로 횡단에 성공한 비행사 에어하트가 '대서양을 횡단한 최초의 여성 비행사'로 포지셔닝하며 미국인들에게 유명세를 얻은 사례가 대표적입니다.

첫 번째 법칙인 'Only One 만들기'와 마찬가지로 지금 일등이 아니라면 일등이 될 수 있는 '나만의 영역'을 만들어 최상급을 활용하는 전략도 있습니다. 예를 들어, 국내 최대 규모 백화점은 부산 해운대에 있는 신세계 백화점 센텀시티점인데, 2021년 2월에 개장한 '더현대 서울'은 '서울 최대 백화점'이라는 타이틀을 달고 등장했습니다. 국내 최대 규모가 될 수 없으니 '1등'이라는 말을 쓸 수 있는 전략적 범위를 만든 것입니다. 2020년 팔도에서 출시한 '킹뚜껑'은 '국내에서 가장 매운 컵라면'이라는 타이틀을 갖고 시장에 진입했습니다. 자사의 기존 왕뚜껑 제품보다 매운맛을 세 배가량 높인 제품으로, 국내에 출시한 컵라면류 중에서는 가장 매운맛을 강조했습니다. 봉지 라면 등을 모두 포함하면 농심의 핵불닭볶음면이 가장 높은 수치를 보유하고 있으나, 평가의 영역을 '컵라면'으로 한정해 나만의 영역을 만든 것이지요. 이처럼 지역별, 용량별, 타깃별, 기간별로 1등을 만드는 방법을 활용하면 최상급에 보다 쉽게 접근할 수 있습니다.

최상급 컨셉팅 기법을 사용할 때 주의해야 할 점이 두 가지 있습니다. 먼저, 수치를 활용해 최상급을 표현하려면 반드시 객관적인 수치를 표기해야 합니다. '최고', '제일'이라는 타이틀을 쓸 때는 객관적으로 증명이 가능한 자료를 근거로 삼아야 법규 혹은 경쟁사의 견제를 피할 수 있습니다. 국내 표시 광고 법규에도 '최상급 표현을 하는 경우에는 객관적 입증이 가능해야 하며, 구체적 기준(기간, 환산 기준 등)에 대한 수식어가 명시되어야 한다'라고 규정하고 있습니다.

또 하나 중요한 부분이 있습니다. 바로 소비자의 핵심 구매 고려 요인과 최상급 표현의 주체가 연결되어야 한다는 점입니다. 그런 의미에서 LG 그램은 타깃의 숨겨진 니즈와 표현의 주체 간의 연결성을 잘 갖춘 사례로 볼 수 있습니다. LG 그램이 출시되기 전까지, 노트북의 타깃층인 직장인과 대학생은 '노트북은 원래 무거우니 들고 다니기 불편한 것'이라고 인식하고 있었습니다. LG는 이러한 소비자의 잠재 니즈를 파악해 가벼워 휴대성이 좋은 노트북을 만들었고, '가장 가벼운 노트북'이라는 표현을 통해 소비자의 니즈를 충족시킬 만한 혜택을 제공했습니다. 반대로 단순히 소비자의 눈길을 끌기 위해 소비자의 니즈와 연관이 없는 '가장 가벼운 과자', '가장 부피가 큰 라면'와 같은 표현으로 최상급을 남발한다면 효력이 없겠죠. 이처럼 최상급을 적용할 때는 소비자의 혜택과 최상급 표현을 효과적으로 연결해야 합니다.

모든 마케터는 사업가다

03

2인자라도 되고 싶다면

① 비교급을 만들어라

미국의 코카콜라와 펩시콜라, 맥도날드와 버거킹처럼 경쟁자 사이의 비교광고 사례는 광고나 마케팅을 공부하는 사람이라면 누구나 한번쯤 봤을 법한 유명한 사례입니다. 자사의 유니폼을 입고 경쟁 제품을 먹기도 하고, 경쟁사의 SNS에 댓글을 달기도 하며, 때로는 혐오스럽고 공포스러운 이미지나 위트 있는 문구를 통해 자사의 강점을 부각하기도 합니다. 이처럼 미국은 비교광고가 자유롭게 허용되지만, 한국은 비교광고에 대한 표현 규제가 많은 편입니다. 그래서 국내에서 비교급을 사용해 광고할 때는 자사의 기존 제품을 활용하는 경우가 많습니다.

자사 기존 제품과
비교

2021년 오뚜기는 기존 자사 제품보다 양을 늘리고 맛도 개선한 'BIG 육개장'을 출시했습니다. 기존 육개장 대비 면, 건더기, 분말 수프 모두 20%를 증량하고, 육수 맛을 더 진하게 바꿔 시장 1위 농심 육개장과의 경쟁에 뛰어든 사례입니다. 물론 '육개장'이라는 일반명사를 경쟁사와 똑같이 제품명에 사용하고 있기에, 자사 제품이 상대적으로 '더 좋다'라는 이미지를 전달하는 간접적인 비교 효과도 얻을 수 있습니다.

롯데칠성의 '칠성사이다 미니', '펩시 미니'는 기존 주력 상품인 250ml짜리 사이다와 콜라보다 용량이 작게 출시된 초미니 탄산음료입니다. 기존 제품 대비 40% 적은 용량인 160ml의 제품으로, 휴대성과 음용 편의성이라는 소비자 혜택을 선사했습니다. 어린이 및 여성 소비자를 타깃으로 한 이 제품은 출시 3년 만인 2019년, 전년 대비 판매율이 200% 증가하는 큰 성과를 보였습니다. 탄산음료뿐만 아니라 생수와 주류 분야에서도 '아이시스8.0', '카스 한입캔' 등 기존 제품보다 용량이 적은 제품을 선보이며 1코노미(1인 가구+이코노미) 시장을 공략했습니다.

국내 다크초콜릿 시장에서 독보적으로 롱런하고 있는 롯데제과 '드림카카오'는 소비자가 기호도에 따라 카카오 함량을 비교 선택

모든 마케터는 사업가다

오뚜기의 BIG 육개장

할 수 있는 다양한 자체 제품을 판매하고 있습니다. 지난 2019년, 출시 13년 만에 디자인을 바꾼 드림카카오는, 56%, 72%, 82%의 카카오 함량만 표시한 기존 디자인에 초콜릿의 핵심 성분인 폴리페놀 성분 함량도 함께 표시했습니다. 56·72·82%의 제품에 각각 900·1,220·1,420mg의 폴리페놀 함유량을 표기해 구매 선택의 폭을 넓혀 소비자 혜택을 부여한 것입니다.

전자담배 브랜드 닷모드의 신제품 '닷모드 AIO Mini'는 기존 제품보다 사이즈를 줄여 휴대성을 강조했습니다. 과거 국내 유명 연예인이 사용한다고 알려지며 인기를 얻은 이 제품은 기존의 닷모드 AIO보다 20~30% 작은 콤팩트한 사이즈로 그립감과 휴대성을 모두 높여 소비자 혜택을 제공했습니다.

매일유업의 상하치즈 '더블업 체다 슬라이스'는 2017년 맛과 두께를 업그레이드한 후 큰 인기를 끌고 있습니다. 기존 슬라이스 치즈보다 20% 두툼한 두께로 식감을 더했고, 9개월 이상 숙성한 치즈 함량을 두 배 높였을 뿐 아니라, 가열 시 치즈가 녹는 멜팅감도 좋아졌습니다. 덕분에 매일유업 체다 슬라이스는 더블업 체다 슬라이스 리뉴얼 출시 이후 기존 제품보다 판매율이 두 배가량 증가했습니다.

타사 제품과
간접 비교

간접 비교 방식은 시장 내 일반적이고 평균적인 수치, 혹은 관련 법규에서 인정하는 비교 표현을 활용해 자사 우위를 강조하는 방식입니다. 식품의 경우 식품의약품안전처에서 시장 내 점유율 상위 1~3위의 평균 영양 수치보다 25% 이상 높다면 '더', '고' 등의 표현을, 낮다면 '덜', '저' 등의 표현을 쓸 수 있게 허용하고 있습니다. 이 기준에 맞춰 자사 제품이 아닌 타사 제품으로 비교급을 활용한 사례도 쉽게 찾아볼 수 있습니다.

동원의 '리챔 더블 라이트'도 타사 제품과 비교하여 마케팅을 진행했습니다. 캔 햄 시장 상위 세 개 제품의 평균 나트륨 함량과 지방 함량 대비 나트륨과 지방을 35% 낮춰 두 배로 건강한 제품이라는 강점을 선보인 것입니다. 건강하다는 점을 내세운 타사 캔 햄 제

동원의 리챔 더블 라이트

품이 일반적으로 저지방이나 저나트륨 중 하나의 요소만 강조할 때, 리챔은 두 요소를 모두 드러냈습니다. 또한 건강미 넘치는 김종국이라는 모델을 활용하며 건강한 캔 햄이라는 차별점을 표현했습니다. 국내 판매 1위 브랜드인 스팸의 짜고 기름지다는 약점을 지속적으로 공략하며, 연간 매출액 2000억을 기록하는 강력한 2인자가 되었죠.

이디야의 스틱 커피 '비니스트'는 타사 대비 원두를 더 많이 함유해 더 깊은 풍미를 강조하는 비교급 컨셉팅을 사용하였습니다. 대중적인 맛을 살려야 하는 스틱 커피에 에콰도르산 최고급 원두 함유량을 10% 더함으로써 소비자에게 핸드드립커피와 같은 진한 풍미를 전달하는 제품입니다. 이러한 혜택 덕분에 별도의 광고 없이 입소문만으로 2018년 매출 130억 원을 돌파했으며, 코로나19로 늘어났던 홈카페족을 겨냥해 라인업을 지속해서 확장하고 있습니다.

국내 아웃도어 시장의 강자 K2는 2021년 겨울 시즌을 공략하여 '씬에어 라이트 다운'을 출시했습니다. 이 제품은 다운 압축 기술로 탄생한 '씬다운'을 적용해 기존 경쟁사 패딩 제품보다 더 가볍고 따뜻합니다. '따뜻한 겨울 패딩' 하면 떠오르는 부하고 무거운 이미지에서 벗어나 안 입은 듯 가볍고 트렌디한 핏을 구현했고, 수지라는 빅 모델을 활용해 젊은 타깃층에게 세련되게 어필했습니다.

오뚜기는 2020년 12월에 엄선된 재료로 꽉 채운 'X.O.만두'를 출시했습니다. '비범한, 놀라운(extra ordinary)'이라는 의미를 가진 브랜드명 X.O.는 돼지고기, 쇠고기, 버섯 등을 큼직하게 썰어 풍부한 식감을 소비자 혜택으로 제공합니다. 이를 통해 당면으로만 만두소를 채우거나, 만두소의 양이 충분하지 않은 경쟁사 제품들 사이에서 '만두다운 만두'로 자리매김하고자 했습니다.

롯데주류의 '클라우드'는 '물을 타지 않았다'라는 비교급 표현을 활용해 치열한 맥주 시장 내에서 빠르게 초기 제품 인지도를 확립했습니다. '물을 타지 않은 리얼 맥주'라는 문구를 광고에 사용함으로써, 타사 맥주들은 물을 탔다는 점을 상대적으로 공략했죠. 이런 마케팅 기법을 통해 클라우드는 출시 100일 만에 2700만 병이 판매되며 국내 맥주 시장 내에서 선전을 이어가고 있습니다.

광동제약의 '비타500' 역시 비교급 표현을 통해 장점을 드러낸 제품입니다. 비타500은 2013년 '카페인이 없는 착한 드링크'라는 문구를 사용해 제1경쟁자인 박카스에 카페인이 함유되어 있다는

모든 마케터는 사업가다

매일유업의 바나나는 원래 하얗다

약점을 식품 안전 측면에서 적극 공략하는 브랜드 전략을 펼쳤습니다. 이를 통해 소비자에게 '우리는 착하고, 상대방은 나쁘다'라는 메시지를 간접적으로 전달하며 건강 드링크라는 포지셔닝의 우위를 점했습니다.

매일유업의 '바나나는 원래 하얗다'는 '무색소'를 내세워 빙그레의 '바나나맛 우유'를 긴장시킨 유일한 제품이었습니다. 빙그레 '바나나맛 우유'는 1974년 출시된 이후, 가공유 판매 1등을 놓치지 않고 태평성대를 이루고 있는 대표 가공유입니다. 그러나 매일유업이 2006년에 출시한 '바나나는 원래 하얗다'는 많은 사람의 뒤통수를 얼얼하게 만들었습니다. 제품의 네이밍과 무색소 표기가 '기존의 노란색 바나나맛 우유들은 모두 색소를 쓴다'라는 사실을 도발적으로 알렸기 때문입니다. 덕분에 출시 후 6개월 동안 2000만 개를 순식간에 판매하며 선전했고, 현재는 20년 차 베테랑이 되어 다양한 변화를 이어가고 있습니다. 경쟁사와의 차별점을 '무첨가'라는 컨셉으로 잘 파고든 사례입니다.

타사 제품과
직접 비교

국내에서는 비교광고가 금지되어 있다고 생각하는 사람이 의외로 많습니다. 하지만 많은 사람의 추측과 달리 '표시·광고의 공정화에 관한 법률'이 금지하고 있는 것은 단순한 '비교광고'가 아닌 '부당한 비교광고'입니다.

비교광고의 목적은 다른 브랜드와 비교해 자사 브랜드의 우위성을 내세워 구매 선택에 명확한 준거점을 제공하기 위함인데, 국내에서는 이에 반하는 것들을 '부당한 비교광고'로 명명합니다. 즉, 국내에서 규정하는 '부당한 비교광고'의 개념은 '명확하고 객관적인 근거 자료 없이, 허위로 경쟁사의 제품이나 서비스를 비방하고 과장해 표현하는 것'입니다. 그래서 의료·의약품 등 특정 상품군을 제외하면 소비자가 구매할 물품을 합리적으로 선택할 수 있도록 유용한 정보를 제공하는 정당한 비교광고는 허용됩니다. 따라서 직접 비교 방식을 사용할 때는 사실을 바탕으로 자사가 비교 우위에 있는 점을 객관적이고 정확히 표현해 전달해야 합니다.

국내 비교광고라고 하면 가장 먼저 떠오르는 사례가 있습니다. 바로 국내 비교광고에 한 획을 그었던 미샤의 '비교 품평'입니다. 미샤는 고가 화장품의 비중이 절반을 넘는 기형적인 한국 화장품 시장의 문제점을 공략하기 위해 세계 2위 화장품 회사인 P&G의 제품과 미샤의 신상품 품질 비교를 요청하는 광고를 진행했습니다. 최고급 브랜드 라인인 'SK-Ⅱ 에센스' 공병을 가져오면 미샤의 에센스 제품을 공짜로 주는 파격적인 이벤트는 출시 9개월 만에 80만 개의 판매 수치를 기록하며 괄목할 만한 성과를 보였습니다. 이에 SK-Ⅱ를 수입 판매하는 한국P&G가 손해배상을 청구했지만, 대법원은 소비자를 속이려는 의도가 없었다는 이유로 미샤의 손을 들어주었습니다. 이후 미샤는 '에스티로더 갈색병 에센스에 비교 품평을 제안합니다'라는 공격적인 광고 카피로 경쟁자에게 정면으로 도전장을 내밀며 두 번째 비교 품평을 이어나갔습니다. 그 뒤에도 '랑콤 마스카라에 비교 품평을 제안합니다'라는 시리즈 광고로 미샤 브랜드의 강점인 가성비를 어필했습니다. 미샤의 비교 품평은 연타석 홈런을 치며 2005년 이래 더페이스샵에 줄곧 빼앗겼던 브랜드숍 매출 1위 자리를 되찾는 쾌거를 올렸습니다.

팬데믹을 거치며 치열해진 배달서비스 O2O(Online to Offline)의 전쟁도 끝없이 이어지고 있지요. 그중에서 후발 주자에 속하는 '쿠팡이츠'는 '배달의 민족'이 가진 단점을 자신의 강점으로 내세워 시장 1위를 공략했습니다. '돌지 말고 지금 쿠팡이츠 하세요!'라는 TV 광고를 통해 여러 집을 방문하는 배달의 민족의 단점을 꼬집고, 한 번에 하나의 집만 방문하는 자사 서비스의 강점을 드러냈습니다. 이 외에도 배달의 민족 기존 고객들을 겨냥한 지하철 옥외광고를 통해 지역별로 쿠팡이츠 첫 주문 할인을 홍보하는 등 재치 있는

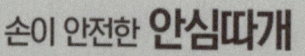

사조참치의 안심따개

프로모션을 집행하며 젊은 세대의 호감을 이끌어냈습니다.

2013년, 참치 캔 시장의 만년 2위 사조참치는 1위 동원참치의 알루미늄 소재 캔이 위험하다는 소비자의 불편을 공략했습니다. '사조참치 안심따개' 제품은 광고에서 날카로운 동원참치의 캔 뚜껑과 손을 다칠 우려가 없는 안심 따개를 비교해 재치 있게 전달합니다. 경쟁사의 치명적인 단점을 자사의 강점으로 승화시킨 사조참치 안심따개는 출시 3년 만에 2억 캔 판매를 돌파하며 1위 자리를 위협하고 있습니다.

'리스테린'은 국내 시장 1위 '가그린'이 무색소를 어필하는 광고에 자사의 강점인 복합 기능성을 강조하여 맞받아쳤습니다. 특히 광고에 '가글 말고 다 되는 리스테린'이라는 다소 자극적인 문구를 사용해 가그린과 리스테린을 비교했습니다. 가그린이 빼기의 중요성(타르, 색소)을 말한 반면, 리스테린은 더하기의 중요성을 생각하여 복합 기능성을 강조한 것입니다.

타사 제품과 직접 비교하면 소비자가 구매를 고려하는 경쟁 제품보다 우위에 있다는 점을 내세워 보다 직접적이고 간결한 메시지를 전달할 수 있다는 장점이 있습니다.

하지만 그만큼 주의해야 할 점도 있습니다.

첫째, 비교 표현을 하는 포인트가 소비자의 불편과 니즈 기반의 소비자 혜택과 연결되어야 합니다. 앞서 언급한 것처럼 관계없는 비교 포인트는 구매에 전혀 영향을 미치지 못합니다.

둘째, 단순히 호기심을 끌기 위해 경쟁사에만 초점을 맞추다간 자사 브랜드가 기억에 남지 않을 수 있습니다. 단적인 예시로 2021년 '산타 토익'의 광고가 있습니다. 당시 산타 토익은 모든 광고에서 '파고다', '해커스', '영단기' 등의 경쟁사와 자사 제품을 직접적으로 비교했습니다. 경쟁이 치열한 영어 교육 시장에서 '시간 낭비를 없애준다'라는 혜택을 드러낸 것과 위트 있는 방식으로 경쟁사의 부족함을 꼬집은 부분은 칭찬하고 싶지만, 이 광고에는 치명적인 단점이 있습니다. 광고를 시청한 소비자가 '산타 토익'이라는 브랜드를 기억하지 못한다는 것입니다. 개인적으로는 마미손과 원슈타인이라는 유명 광고 모델에 집중하지 않고, '모델이 산타 복장을 입고 산타 토익의 반복 카피를 사용하는 광고였다면 어땠을까' 하는 아쉬움이 남는 사례입니다.

2인자라도 되고 싶다면

② 보증법을 활용하라

"천하장사 이만기가 광고하는 쏘팔메토는 듣기만 해도 건강하고 강해질 것 같지 않아?"

"대한치과의사협회가 추천하는 구강세정기는 좀 더 안전하고 좋지 않을까?"

"지방이 캐릭터가 홍보하는 365mc 병원이 다른 병원보다 좀 더 친숙하게 느껴지는걸?"

표준국어대사전에 따르면 '보증'이란 '어떤 사물이나 사람에 대해 틀림이 없음을 증명하는 것'인데, 이를 일상생활의 '후광효과 (Halo effect)'와도 연관 지을 수 있습니다. 2014년 프란치스코 교황은 한국을 방문할 때 기아의 '쏘울'을 의전 차량으로 선택했지요.

이후 쏘울은 '교황이 탑승한 차'로 불리며 수출 및 판매량이 크게 상승했습니다. 쏘울이 교황의 후광효과를 입어 대중에게 긍정적인 인상을 심어준 것입니다. 이처럼 한 대상의 두드러진 특성이 다른 대상을 평가하는 데에도 영향을 미치는 현상을 '후광효과'라고 합니다.

'보증법 활용하기'는 브랜드, 제품, 서비스에서 내세우고자 하는 포인트와 연관성이 있는 요소의 후광효과를 활용해 메시지에 힘을 싣는 방법입니다. 이 방식은 인물, 기관, 캐릭터 등이 기존에 지닌 이미지를 활용하기 때문에 나 혼자서 메시지를 전달할 때보다 마케팅 자원을 더 효율적으로 사용하고 쉽게 전달할 수 있다는 큰 장점이 있습니다.

보증법을 활용하는 방법은 '전문가 활용하기', '관련 기관·학회·협회 활용하기', '캐릭터 활용하기'로 크게 나눠볼 수 있습니다. 사례와 함께 각 방법에 대해 알아보겠습니다.

전문가(엔도서)
활용하기

엔도서(Edorser)는 협찬 제품을 광고하거나 홍보하는 전문가나 유명인을 가리킵니다. 저명한 전문가나 유명 직업 등을 동원해 제품

홍보에 힘을 싣는 전략입니다. 보통 유명한 의사·스포츠인·연예인· 셰프·디자이너 등의 이름이나 직업을 활용합니다. 브랜드에서 엠버 서더를 발탁하는 것이 엔도서를 활용하는 대표적인 사례입니다.

남성 건강기능식품 제품인 '파워업 쏘팔메토 골드'는 '천하장사 이만기'를 모델로 내세워 제품의 기능을 매력적으로 어필했습니다. 과거 국내 최고의 씨름 선수였고 현재는 대학교수와 방송인으로 활동하고 있는 이만기가 지닌 '건강하고 강한' 남성의 이미지를 수 많은 미투 제품이 난립하는 남성 전립선 건강제품 시장 내 엣지로 활용한 것입니다. 이만기를 최전선에 내세워 시장 내 다른 경쟁사 제품과 차별화를 꾀한 결과, 파워업 쏘팔메토 골드는 13년간 100 만 병 이상의 판매고를 올리며 현재까지 많은 중년 남성에게 사랑 받고 있습니다.

임플란트 브랜드 '오스템'은 '치과의사가 추천하는 임플란트'라 는 컨셉으로 70여 개국에서 사랑받고 있는 유명 브랜드입니다. 한 때 임직원 횡령 사건을 계기로 위험한 내부적 이슈에 휘말리기도 했으나, 여전히 시장 내 부동의 1위의 지위를 수년간 이어오고 있 는 막강한 브랜드 파워를 가지고 있습니다. 소비자가 임플란트를 하면서 가장 걱정하는 '안전'에 대한 불편을 '치과의사'라는 전문가 의 신뢰도를 빌려 한 방에 해결한 컨셉팅 사례입니다.

수분 충전 음료 베이스 '링티'는 특전사 '군의관이 개발한 수분 보충 음료'라는 컨셉으로 시장의 이목을 끌었습니다. 수많은 병사

모든 마케터는 사업가다

가 훈련 중 탈진과 과로로 쓰러지는 모습을 보고, 수액보다 쉽게 수분을 보충하는 방법을 고민하다가 만들었다고 하죠. 링티는 2017년 출시 이후 '마시는 링거'라는 문구를 활용해, 수분 보충이 필요한 일상의 다양한 상황을 센스 있게 표현하며 폭발적인 인기를 누렸습니다. 이후 식품의약안전처의 허위·과장 광고 이슈에 휩싸여 '링거 워터'라는 사명을 제품명과 똑같이 '링티'로 바꾸는 부침을 겪었지만, 적극적인 PPL과 광고 활동을 통해 꾸준한 매출 신장을 이뤄 연 매출 300억이 넘는 규모로 성장해 가고 있습니다.

프랜차이즈 카페 '폴 바셋'과 프리미엄 수제버거로 화제가 되며 오픈했던 '고든램지버거'는 각각 월드 바리스타 챔피언 '폴 바셋'과

고든램지버거

세계적인 요리 연구가 '고든 램지'의 이름을 차용한 브랜드입니다. 이처럼 후광효과는 유명한 사람의 이름 자체를 브랜드명으로 활용하는 방법으로도 만들어낼 수 있습니다.

관련 기관·협회·학회
활용하기

앞선 사례에서는 '사람(전문가)'을 내세웠다면, 유명한 '기관·학회·협회' 등을 이용하는 방법도 있습니다. 브랜드나 제품에서 내세우는 USP를 뒷받침해 줄 수 있는 기관의 이름을 활용하여 메시지의 '신뢰도'를 강화하는 것입니다.

파나소닉 코리아의 구강세정기는 대한치과의사협회로부터 공식적으로 추천받은 제품이라는 점을 핵심 컨셉으로 내세우고 있습니다. 파나소닉은 자사의 구강세정기 '제트워셔'의 치면세균막(프라그)과 구강 내 미생물 억제 효과가 검증되자 대한치과의사협회에 구강건강 상품으로 추천을 요청하여 공식 추천을 받았습니다. 이런 신뢰도 있는 기관의 후광효과를 활용해 오랄비 같은 전문 브랜드나 손나은 칫솔로 유명한 '오아 전동칫솔'과 비교해도 뒤지지 않는 경쟁력을 확보했습니다.

반려동물 브랜드 꼬뜨의 전 제품은 한국동물병원협회의 추천을 받았습니다. 꼬뜨의 대표 제품인 '벤토나이트 고양이 모래'는 100% 천연 제올라이트를 활용해 제습력과 탈취력을 높였습니다. 또한 신뢰도 있는 기관의 후광효과를 통해 불필요한 살생을 막는다는 브랜드 가치를 고양하기도 했습니다.

불과 몇 년 전 일었던 생리대 유해 물질 파동을 기억하시나요? 이후 일회용 생리대에 대한 불안감이 커지며 비싸지만 안전한 생리대를 찾는 여성이 많아졌습니다. '블루블루' 생리대는 국제 공인 인증기관인 컨트롤 유니언(Control Union)에서 OCS 인증(유기농 재료 확인)을 받은 제품이라는 점을 전면에 내세우고 있습니다. 100% 천연 편백 오일 패치와 유기농 순면 커버로 환경호르몬 걱정 없이 안전하게 착용할 수 있다고 말하지요. '안전한 생리대'라는 소비자의 가장 중요한 핵심 구매 고려 요인을 공략하기 위해 공인된 인증기관의 후광효과를 활용한 사례입니다.

캐릭터
활용하기

캐릭터를 활용한 비즈니스도 다양한 산업군에서 널리 활용해 온 방법입니다. '캐릭터 마케팅'은 캐릭터의 시각적 이미지를 통해 고객의 구매 욕구와 심미적 만족을 충족시키고 소비자와 교감을 나누는 고도의 감성 마케팅 방식입니다. 이처럼 캐릭터를 활용하면 친근감을 바탕으로 소비자의 구매 욕구를 자극하고, 감각적인 소비 형태를 이루게 됩니다. 과거에는 아동 완구나 문구류에 국한하여 TV 애니메이션 캐릭터를 중심으로 매출 증대를 위한 보조적 도구로 활용했지만, 최근에는 캐릭터의 활용 범위를 확대해 좀 더 핵심적인 역할을 주도하고 있습니다.

캐릭터 마케팅은 소비자의 감성을 자극해 브랜드에 친근하고 새로운 이미지를 입혀, 다양한 연령대의 타깃을 확보할 수 있다는 점이 강점입니다. 최근 명품 브랜드 루이비통도 '카카오프렌즈'와의 컬래버레이션을 통해 브랜드가 지닌 올드한 이미지를 희석하면서 다양한 고객층을 확보하려는 시도를 했었습니다.

365mc 병원의 '지방이'는 동네 인형뽑기방에 있을 정도로 유명한 캐릭터입니다. 365mc는 지방흡입을 전문으로 하는 병원으로, '엄근진(엄격, 근엄, 진지)'을 내세우는 보수적인 병원 마케팅 시장에서 캐릭터를 활용한 유례없는 마케팅으로 확실한 차별화를 꾀했습니다. 기존 성형외과 광고가 날씬한 모델을 내세워 아름다움과 효과만 강조할 때, 365mc는 사라져야 할 존재인 지방을 귀여운 캐릭터로 형상화해 친숙한 감성을 전달했지요. 이런 파격적인 마케팅은 2012년 국내 의료기관 최초로 대한민국 광고 대상에서 상을 수상할 정도로 획기적이었습니다. 365mc는 10년이 지난 현재까지도 지방이를 브랜드 아이덴티티로 활용하고 있습니다.

모든 마케터는 사업가다

365mc의 지방이

하이트 진로의 '진로이즈백'은 '두꺼비' 캐릭터를 내세워 레트로 향수에 젖어 있던 중년 남성뿐 아니라 젊은 층에게도 큰 사랑을 받았습니다. 2019년 4월 두꺼비 캐릭터와 함께 탄생한 진로이즈백은 출시 두 달 만에 1000만 병, 누적 4억 병이 넘게 팔리며 흥행에 성공했습니다. 이후 무신사, 기가지니, 커버낫 등 다양한 굿즈에 활용되거나, 프랜차이즈 주점 '포차이즈백' 등의 포토 스폿으로 활용되며 SNS에 특화된 마케팅을 이어가고 있습니다. 두꺼비 캐릭터는 MZ 세대에게 호응을 이끌며 진로가 가진 노후한 이미지를 개선하는 데 크게 기여했습니다.

국내 캐릭터 마케팅 역사에서 가장 유명한 사례는 메리츠화재의

진로이즈백의 두꺼비 캐릭터

'걱정 인형'일 것입니다. 기존 금융회사 광고는 감성을 어필하고는 했지만 구체적인 스토리와 콘텐츠가 없어 차별화된 메시지를 만들지 못했습니다. 메리츠는 과테말라 전래동화의 '걱정 인형' 컨셉을 선택해, 눈에 보이는 걱정 인형 캐릭터로 차별화된 감성을 내세우는 데 성공했습니다. 2011년에 시작한 메리츠 걱정 인형 캠페인은 손해보험업계 모델 파워 1위를 달성하며 소비자들의 뜨거운 반응을 얻었고, 다양한 굿즈나 콘텐츠로도 활용되며 확실히 차별화된 컨셉이 되었습니다.

'보증법 활용하기'에서는 제품과 활용하는 대상의 이미지가 잘

모든 마케터는 사업가다

들어맞아야 합니다. 여에스더가 광고하는 유산균과 이만기가 홍보하는 유산균 중 어떤 제품을 구매할 것인가? 마케팅 효과를 노리는 제품이 지닌 핵심 아이덴티티와, 활용하는 대상의 이미지가 유기적으로 잘 연결되어야 그만큼의 시너지 효과를 노릴 수 있습니다.

또한 난립하는 미투상품 속에서 무작정 트렌드를 따라 하지 말고 확실한 엣지와 품질을 갖추고 있어야 반짝인기로 끝나지 않을 것입니다. 여기 이러한 교훈을 주는 사례가 있습니다. 바로 곰표의 컬래버 마케팅 성공으로 컬래버 컨셉을 무작정 선보였다가 날선 비판을 얻은 '모나미 유성매직 스파클링'과 '서울우유 바디워시'입니다. 해당 제품들은 '맹물에 사탕 녹인 맛'으로 소비자의 등을 돌리게 하거나, 우유 제품의 외관을 그대로 본뜬 생활 화학제품을 식료품과 나란히 배치해 어린이 안전사고에 대한 우려를 낳았습니다.

이처럼 소비자 혜택 기반의 컨셉과 제품력을 갖추지 못하거나, 보증법을 활용하는 대상이 해당 제품과 이미지가 맞아떨어지지 않는다면 일시적인 관심으로 끝날 확률이 매우 높습니다. 오히려 기존에 가지고 있던 브랜드의 자산마저 잃어버릴 위기를 맞이할 수 있습니다. 보증법 활용하기 컨셉팅 방식 역시 제품과 연결성 있는 대상을 통해야 마케팅 자원의 효율성과 강력한 메시지 전달력을 얻는다는 점을 유의해야 합니다.

2인자라도 되고 싶다면

③ 비유법을 활용하라

"치즈가 얼마나 많길래… 치즈 폭포에 빠지고 싶다."

"마카롱 밥솥, 이름만 들어도 아기자기하고 귀여운걸?"

"평택에 있는 메인스트리트라는 카페 가봤어? 뉴욕을 그대로 옮겨 놨다던데?!"

사전에 따르면 비유란 '어떤 현상이나 사물을 직접 설명하지 않고, 다른 비슷한 현상이나 사물에 빗대어 설명하는 일'을 뜻합니다. 비유는 '은유'와 '메타포(metaphor)'와도 맥락을 같이합니다. 은유는 사물의 상태를 암시하는 표현이며, 메타포는 행동, 개념, 물체가 지닌 특성을 다른 말로 대체해 간접적이며 암시적으로 나타내는 표현입니다. 이를 종합하여 컨셉팅에 접목해 보면, '비유법'은 제품이 지닌 속성을 활용해 간접적이고 암시적인 별명을 붙이는 방법으로 정의할 수 있습니다.

'비유법 활용하기'는 보증법 활용하기와 마찬가지로, 내세우는 '별명'이 기존에 지니고 있던 자산과 특성을 활용합니다. 그렇기 때문에 나 혼자서 메시지를 만들 때보다 마케팅 자원을 효율적으로 사용해 쉽게 전달할 수 있습니다.

비유법을 활용하는 방법에는 총 세 가지가 있습니다. 저는 그 방법을 '형태를 활용해 별명 붙이기', '기능 또는 속성을 활용해 별명 붙이기', '이미지를 활용해 별명 붙이기'로 분류해 보았습니다.

형태를 활용해
별명 붙이기

첫 번째 방법은 제품이 지닌 외형적인 형태에 적합한 별명을 붙여서 소비자의 친숙함을 이끌어내는 방법입니다. 말하고자 하는 제품의 모양이나 크기 등의 생김새와 비슷한 다른 사물을 활용해 별명을 붙이면, 강조하는 제품의 특성을 더욱 돋보이게 할 수 있습니다.

프랑스 패션브랜드 르메르는 '크루아상백'으로 불리는 범 백을 시그니처로 삼아 유명세를 탔습니다. 과거에 클래식만을 지향하던 명품 소비자와는 달리 개성을 중시하는 MZ 세대는 트렌디한 디자인의 의류나 가방을 찾아나섰는데, 르메르의 범 백은 생긴 모양이 크루아상을 연상케 해 이른바 '크루아상백'이라는 별명을 얻으며 '패피(패션피플, 패션을 좋아하는 사람들)'들의 잇템이 되었습니다. 가방의 유니크한 디자인을 빵 모양에 빗대어, 트렌디함을 추구하는 소비자들에게 쉽고 효과적으로 전달했습니다. 이렇게 기존 명품에서는 볼 수 없는 독특한 디자인으로 존재감을 뽐내며, 2021년 2월 더현대 서울의 개점 당시, 르메르 크루아상백은 없어서 못 팔 정도로 품절 대란을 일으키기도 했습니다.

GS25는 2021년 '로브스터 급식'으로 화제를 모은 김민지 영양사와 컬래버를 통해 '이불 돈까스 도시락' 등 '고등급식' 시리즈 상품을 선보였습니다. 김민지 영양사는 고등학교 영양사로 근무할 당시 퀄리티 있는 식단과 푸짐한 양으로 화제를 모은 스타 영양사입니다. GS25는 김민지 영양사의 이미지에 부합하도록 '급이 다른 식사'라는 명칭으로 푸짐한 '이불 돈까스 도시락'을 기획했는데, GS25가 지금껏 출시한 돈가스 중 최대 사이즈의 돈가스가 밥 위에 덮여 있는 제품입니다. '이불 돈까스'라는 제품명을 통해 GS25는 돈가스가 이불처럼 밥 위에 덮여 있는 압도적인 비주얼을 강조하고자 했습니다.

주방과 생활가전 제품을 만드는 제니퍼룸이 2018년에 출시한 '마카롱 밥솥'은 마카롱을 연상시키는 작고 귀여운 디자인으로 많은 사랑을 받는 제품입니다. 마카롱 밥솥은 높이가 17.8cm로 한 뼘

제니퍼룸의 마카롱 밥솥

정도이며, 무게는 1.68kg밖에 되지 않는 초경량 제품입니다. 마카롱이라는 이름에 걸맞은 파스텔 색상(핑크, 옐로, 화이트, 올리브)과 컴팩트한 사이즈의 비주얼로 출시 초기부터 SNS에서 화제가 되었습니다. 자취하는 학생이나 회사원 등 1~2인 가구를 대상으로 인기몰이를 이어가며 출시 후 2년 동안 16만 대가량이 판매된 히트 상품이 되었습니다. 제품의 콤팩트하고 스마트한 형태적 특징을 마카롱에 잘 비유해 성공한 사례로, 현재는 1인 가구의 필수 아이템으로 자리 잡았습니다.

경남 함안군에서 출하된 '백자 멜론'은 흰색 바탕에 녹색 호피 무늬가 그려진 외형이 가야시대 도자기인 백자와 유사해 '가야 백자 멜론'이라는 별명이 붙었습니다. 일반적인 멜론보다 껍질이 얇고 과육은 부드러우며 당도는 약 13~16brix 정도로 매우 달다는 특징을 가지고 있어, '백자'라는 이름에 걸맞은 프리미엄 이미지를 전달하고 있습니다. 국내 프리미엄 마켓과 온라인을 중심으로 소비자 접점을 넓혀가고 있는 백자 멜론은 20년 농촌진흥청의 수출 유망 품목에도 선정되어 싱가포르에 수출하였는데, 시판 중인 멜론보다 20% 이상 높은 가격(개당 8달러)으로 판매되었습니다.

기능·속성을 활용해
별명 붙이기

앞서 소개한 사례에서 제품의 외형을 본떠 별명을 붙였다면, 제품의 기능이나 핵심적인 속성과 연관된 별명을 붙여 이를 더욱 강조하는 방법도 있습니다. 우리가 익히 알고 있는 광장시장의 '마약 김밥'이 '마약'처럼 중독되는 맛을 강조한 것, 2PM이 '짐승돌'이라는 컨셉으로 거친 남성적인 이미지를 갖춘 것이나, '광야' 컨셉으로 데뷔한 아이돌 에스파를 '쇠맛 걸그룹'이라고 부르는 것 역시 이에 해당합니다.

국내 바이오 코스메틱 브랜드 셀로니아는 자사 제품 '시그니처 바이오 앰플'에 '모래시계 앰플'이라는 별명을 붙여 주름 개선 효과를 강조했습니다. 셀로니아 앰플은 제대혈 줄기세포 배양액과 영양 콤플렉스가 함유되어 있어 다양한 피부 고민을 집중 케어한다는 구매 명분을 가지고 있습니다. 주름과 미백이 고민인 30대 여성을 타깃으로, 피부의 시간을 거꾸로 돌려준다는 소비자 혜택을 '모래시계'라는 속성에 비유해 엣지 있게 전달한 사례입니다.

스킨케어 브랜드 셀리맥스의 '지우개 패드'는 각질 관리와 피부 진정을 원하는 소비자에게 제품의 속성을 직관적인 제품명으로 전달하며 데일리 각질 관리의 효과를 강조한 사례입니다. '지우개 패드'는 셀리맥스 공식몰 기준 누적 후기 수가 3만 건을 넘으며 브랜드의 베스트셀러 역할을 톡톡히 해냈습니다. 단순히 후기만 많은 것에 그치지 않고, 팬데믹으로 마스크 착용이 장기화되면서 증가한 피부 진정 효과에 대한 소비자 니즈를 충족하는 대표 제품으로 자리매김하는 데 성공한 것입니다.

풀무원은 2021년 새로운 프리미엄 피자 '치즈폭포 시카고피자'를 출시해 피자 마니아들의 입맛 공략에 나섰습니다. 토핑의 반 이상을 치즈로 구성해 치즈가 많이 들어 있다는 핵심 속성을 '폭포'에 비유했습니다. 제품명으로 폭포처럼 흐르는 치즈의 이미지를 부각함으로써, 치즈 양이 부족해 아쉬움을 샀던 기존 간편식 피자 제품과의 차별화를 시도한 것입니다. 출시 이후 수요가 폭증해 물량 부족으로 판매를 이어가지 못하는 상황까지 생길 정도로 치즈폭포 피자에 대한 반응은 폭발적이었습니다. 풀무원의 피자 카테고

풀무원의 치즈폭포 시카고피자

리 총매출액을 2020년 320억에서 2021년 400억으로 상승시키고, 2021년 시장점유율 37.6%로 온라인 피자 1위를 달성하는 등 치즈 폭포 피자는 풀무원의 효자상품으로 자리매김하였습니다.

이미지를 활용해
별명 붙이기

비유법을 활용하는 마지막 방법은 감성적인 이미지를 이용해 별명 을 붙이는 것입니다. 전달하고자 하는 브랜드 및 제품을 경쟁사와

모든 마케터는 사업가다

차별화하기 위해 상반된 이미지, 혹은 전혀 관련 없는 이미지와 연관 짓는 전략입니다. 특히 요즘 MZ 세대에게는 의외의 조합으로 다가가야 훨씬 효과적인데, 포화 상태에 이른 수많은 경쟁재와 대체재 사이에서 신선함과 재미를 선사할 수 있기 때문입니다.

2014년 출시된 라라베시의 '악마 쿠션'은 밀레니얼세대의 여성이라면 한 번쯤 들어봤을 정도로 화제를 모은 제품입니다. '악마 같은 커버력'이라는 특징에서 악마 쿠션이라는 이름이 붙은 이 제품은 브랜드 네이밍과 기능에 힘입어 당시 10대 청소년 사이에서 큰 인기를 끌었었습니다. 쿠션 브랜드 최초로 출시 4년 만에 밀리언 판매를 돌파하며 대세로 떠올랐지요. 당시 오프라인 매장 하나 없이 오직 온라인상에서 이러한 업적을 이룬 것은 뷰티 업계에서도 이례적인 일이었습니다. 현재는 중소 화장품 업계가 포화상태에 이르며 예전만큼의 인기를 이어가진 못하고 있습니다. 그러나 자칫하면 부정적인 이미지로 쓰일 수 있는 '악마' 이미지의 리스크를 이겨내고 큰 파급효과를 일으켰던 성공 사례입니다.

2021년 5월에 오픈한 '평택 메인스트리트'는 '뉴욕의 미니어처'라고 불리며 평택을 대표하는 개성 있는 명소, 즉 힙플레이스(hip place)로 떠올랐습니다. 1500평 규모의 초대형 베이커리 카페인 메인스트리트는 '뉴요커 되기'라는 슬로건을 내세워 뉴욕을 테마로 한 다양한 공간으로 차별화를 시도했습니다. 코카콜라 존, 올드타운 바 등 스무 개의 다양한 컨셉으로 구성되어 있으며, 뉴욕을 그대로 옮겨놓은 듯한 인테리어로 마치 뉴욕에 온 듯한 느낌을 선사합니다. 특히 300년이 넘은 뉴욕의 벽돌을 직접 공수해 인테리어의 완성도를 높이는 등, 팬데믹 동안 여행이 그리운 소비자의 니즈를 충족시켜 많은 연예인이 방문했고 SNS상에서도 화제가 되었습니다.

전혀 상관없는 이미지로 브랜드를 차별화한 사례도 있습니다. '물개 커피'로 유명한 프릳츠 커피가 바로 그 주인공입니다. 커피 로스터리 컴퍼니 '프릳츠'는 한국 바리스타 챔피언십 우승자 등 화려한 이력을 가진 사람들이 모인 브랜드로 커피업계의 어벤저스라 불립니다. 이들은 브랜드명이 어떻든 행동으로 보여줘야 한다고 생각해 아무 의미 없는 '프릳츠'로 이름을 붙이는가 하면, 커피와 전혀 상관없는 '물개'를 마스코트로 삼았습니다. 예상 밖의 네이밍이나 캐릭터를 통해 다른 커피 브랜드들과 차별화하고자 했던 것입니다. 프릳츠의 이런 의도는 MZ 세대에게 완벽히 적중해, 커피 상품뿐만 아니라 '커피를 든 물개' 패키지까지 큰 사랑을 받고 있습니다.

'비유법 활용하기'에서 주의해야 할 점은, 다른 간접적 컨셉팅 방법들과 마찬가지로 말하고자 하는 제품과 대상 간의 핏이 잘 맞아야 한다는 것입니다. 2014년 현대자동차에서 론칭한 자동차 브랜드 '아슬란'은 현대의 대표적인 실패 작품으로 꼽힙니다. 당시 현대자동차는 그랜저와 제네시스 사이를 타깃으로 해 '조용하고 편안한 차'를 원하는 4050 중장년층을 공략했습니다. '아슬란'은 '꽃중

모든 마케터는 사업가다

프릿츠 커피 원두 상품

년을 유혹하는 조용한 사자'로 튀르키에 말로 '사자'를 가리키는 단
어에서 가져온 네이밍입니다. 그러나 출시 후 소비자들이 이슬람,
이슬람 왕자, 무슬림과 같이 잘못된 이미지를 갖게 되었다는 후문
도 있습니다.

　이처럼 적절하지 못한 비유를 활용하면 오히려 소비자의 외면으
로 이어질 수도 있습니다. 하지만 '비유법 활용하기'는 기존에 소비
자에게 각인되어 있는 '별명'을 활용해 메시지를 쉽게 전달하기 때

문에 강력한 마케팅 효과를 냅니다. 특히 경쟁이 치열한 시장 내에서 차이가 크지 않은 제품이나 예산이 부족한 중소 브랜드, 시장에 처음 들어가는 스타트업 기업이 최고의 마케팅 효율을 낼 수 있는 방법 중 하나입니다.

06

뱀의 머리라도 노린다면

① TPO를 쪼개라

"일요일은 내가 '짜파게티' 요리사! 일요일만 되면 짜파게티가 생각난단 말이지?"

"코오롱에서 낚시할 때 입는 옷 '웨더몬스터'가 나왔다는데, 한번 사서 입어볼까?"

"캠핑용 소시지 '사조 캠프&하우스'는 소시지가 종류별로 들어 있어서 캠핑할 때 편하대!"

앞서 말한 '1인자 되기'와 '2인자라도 되기' 법칙을 모두 활용할 수 없는 상황이라면 어떻게 해야 할까요? 때로는 자사의 역량이 부족하거나 타사 제품과 품질이 크게 차이 나지 않아 뾰족한 방법을 찾기 어려운 경우가 있습니다. 경쟁재와 대체재가 너무 많은 시장에서는 그 전과 다른 방향의 접근 전략이 필요합니다.

1등도 2등도 되기가 어려운 3등의 상황이라면, 시장의 메인은 내어주더라도 더 세분화해서 '작지만 명확한 내 영역'이라도 챙기는 생존 방식이 필요합니다. 시장을 쪼개는 방법은 TPO로 쪼개기, 고객으로 쪼개기, 사용 방식으로 쪼개기로 크게 세 가지로 나뉩니다. 위 방법을 모두 포함하면 '차별화된 컨셉팅의 여덟 가지 원칙'이 완성됩니다.

TPO로 시장을 쪼개는 방법에는 세 가지가 있습니다. 시간 (Time), 장소(Place), 상황(Occasion)에 따라 시장을 세분화하는 방법을 사례와 함께 살펴보겠습니다.

시간에 따라 쪼개기
'언제 ~하는'

시간에 따라 시장을 세분화하는 건, 말 그대로 시간을 나타내는 표현을 나만의 특정한 '세분화 기준'을 바탕으로 쪼개는 방법입니다. 아침, 점심, 저녁 등 넓은 시간대를 의미하는 표현을 사용하기도 하고, '오전 n시' 등 아예 특정한 시간을 정해두기도 합니다. 이처럼 시간과 내 제품의 핵심 셀링포인트를 연관시킴으로써 특정 시간대에 내 제품을 활용하라는 메시지를 효과적으로 전달할 수 있습니다. 많은 화장품 회사에서 출시하는 밤에 바르는 나이트 크림이나, F&B 브랜드인 맥도날드나 버거킹의 아침 전용 메뉴 '맥모닝'과 '킹 모닝', 라디오 프로그램명 〈정오의 희망곡〉처럼 특정한 시간대를 공략하는 컨셉팅 기법이 이에 해당합니다.

서울우유협동조합의 '아침에주스'는 1993년 출시 이후 국내 냉장 주스 시장 규모 약 1400억 원 중 30% 이상의 시장점유율을 기록하고 있는 1등 스테디셀러 제품입니다. 아침에주스가 지금까지 사랑을 받을 수 있었던 비결은 콜드 필링으로 낸 과즙 고유의 신선한 맛, 생산부터 유통까지 냉장 시스템, 신선함을 생각한 짧은 유통기한 등 과일 본연의 상큼함을 유지하는 데 있습니다. 이런 USP를 '아침에주스'라는 네이밍과 '상쾌한 하루의 시작은 아침에주스와 함께하세요!'라는 슬로건을 통해 '아침'이 주는 이미지를 차용해 강조했습니다.

'일요일엔 내가 짜파게티 요리사'. 1984년 출시 이후 농심의 짜장 라면 '짜파게티'가 내세운 슬로건입니다. 식품업계 최초의 TPO 마케팅 성공 사례로도 꼽히는 이 카피는 30년간 사랑받는 짜파게티의 상징이 되었습니다. 왠지 일요일에는 가족과 함께 짜파게티를 끓여 먹어야 할 것만 같은 전설적인 카피를 시작으로, 짜파게티를 활용한 여러 소비자 레시피가 등장하며 이제는 일요일이 아닌 다양한 상황으로 확대되고 있습니다. 2019년 영화 〈기생충〉 열풍으로 해외에서도 흥행에 성공하며 짜파게티는 2020년 연간 매출액

2000억을 돌파하기도 했습니다. 짜파게티가 신라면과 불닭볶음면을 잇는 K푸드 대표 주자로 자리매김할 수 있을지 기대됩니다.

위의 사례처럼 숫자로 나타나는 정확한 시간이 아닌, 특정 상황과 결합하는 시간대를 활용하여 재미 요소를 더한 사례도 있습니다. 편의점 CU는 2019년 한정 수량으로 출시한 '탐앤탐스 떡볶이'로 펀슈머(재미와 소비를 동시에 추구하는 소비자) 마케팅에 도전했습니다. 당시 유행했던 '몰래 먹기' 챌린지에서 아이디어를 얻어 출시한 이 제품은, 커피전문점 탐앤탐스 테이크아웃 컵에 떡볶이를 넣어 마치 커피인 것처럼 '업무 시간'에 남몰래 먹을 수 있도록 한 제품입니다. 패키지가 실제 탐앤탐스 테이크아웃 컵과 똑같아 커피를 마시는 것처럼 보이지만 안에는 국물 떡볶이가 담겨있는 반전 제품으로 재미 요소를 주어, 출시 일주일도 안 되어 2만 개 한정 수량이 조기 완판되며 이슈 몰이에 성공했습니다.

장소에 따라 쪼개기
'어디서 ~하는'

장소를 나타내는 표현을 활용해 시장을 세분화하는 방법도 있습니다. '어디서 ~하는' 은 규정된 특정 장소와 제품을 연관시키는 방법입니다.

160

불스원의 차량 전용 공기청정기 '에어테라피 멀티액션'은 2017년 출시 이후 차량용 공기청정기 시장을 선도해 온 제품입니다. 차량용 연료 첨가제로 친숙한 불스원이 선보인 제품답게, 시가 잭용 전원 어댑터가 포함되어 있어 차량 내에서 편리하게 사용할 수 있습니다. 가정용 공기청정기를 휴대용 크기로 줄인 부담 없는 크기와, 먼지 입자를 99.95% 걸러내는 기능으로 운전자들 사이에서 꾸준한 사랑을 받고 있습니다. 대기업들의 전쟁터가 된 기존 국내 공기청정기 시장 내에서, 가정용·사무용 시장이 아닌 '차량용'이라는 세분화된 시장을 공략한 불스원은 자사 브랜드의 전문성까지 담아내 확고한 입지를 다질 수 있었습니다.

팬데믹 기간에 등장한 제품도 있습니다. 지난 2020년, 오션월드는 워터파크 전용 마스크인 '오션마스크'를 개발해 워터파크 이용객에게 무료로 배포했습니다. 오션월드와 소노인더스트리가 국내 최초로 제작한 오션마스크는 초극세사 섬유와 메시 소재 원단을 이용해 숨 쉬기 편하고, 표면이 물에 젖거나 고온 다습한 환경에 노출돼도 성능이 유지돼 로커 룸이나 샤워실, 워터파크 어트랙션 탑승 시에도 안전하게 착용할 수 있습니다. 또한 물속에서 써도 입과 코에 붙지 않는 편한 구조와 특수 코팅 마감으로 빠른 건조가 가능해, 워터파크 내에서 마스크 착용 시의 불편함을 줄여 팬데믹으로 인한 고객 감소 리스크를 최소화하고자 했습니다.

뉴트리어드바이저가 2020년 처음 출시한 골프장 전용 패치 '블

록앤케어 쁘띠 골프패치'는 라운딩 시 자외선에 장시간 노출되는 피부의 특성을 고려해 나온 제품입니다. 자외선을 차단함과 동시에 피부에 좋은 일곱 가지 성분이 가득 들어 있는 하이드로겔을 사용해 피부에 가해지는 자극을 최소화했습니다. 사회적 거리두기 이후에 야외 활동이 증가하며 젊은 세대 사이에서 골프가 주목받았던 기간에 골프장 전용 제품으로 관련 시장을 잘 파고든 성공 사례입니다.

최근 일본 본토에서는 한국 제품만을 파는 편의점 '한비니(韓ビニ)'가 큰 인기를 끌고 있습니다. 한국이 아니면 구하기 힘든 제품을 다양하게 판매하고 있어 차로 한 시간씩 걸려서 오는 손님까지 있을 정도입니다. 2020년 12월 사이타마현 가와구치시에 오픈한 한비니는 한국의 '한'과 일본어로 편의점을 뜻하는 '콘비니'의 합성어입니다. 오픈 즉시 코로나19로 한국을 여행할 수 없던 일본 한류 팬들 사이에서 입소문이 퍼졌고, SNS에서도 큰 화제가 됐습니다. 라면과 과자 같은 즉석 음식과 양념게장이나 곰탕 등의 한국 전통 음식, 그리고 K-뷰티의 흥행에 힘입은 화장품까지, 다양한 제품을 접할 수 있어 한국을 좋아하는 마니아층을 중심으로 꾸준한 인기를 누리고 있습니다.

한국야쿠르트의 '하루과일'은 사무실에서 편하게 하루 한 끼 과일을 배달받을 수 있는 제품으로, '오피스 과일'이라는 별칭을 갖고 있습니다. 영양이 불균형한 직장인이 사과, 방울토마토 등의 신선한 과일을 바로 먹을 수 있게 매일 야쿠르트 프레시 매니저가 구매자에게 직접 전달합니다. 직장인들이 가장 많이 시간을 보내는 장소와 제품을 연관 지어, 날마다 과일을 챙겨 먹지 못하는 현대인들이 깎아 먹기 불편한 과일을 손쉽게 먹을 수 있도록 하는 소비자 혜택을 제공했습니다.

상황에 따라 쪼개기
'~할 때 사용하는'

마지막으로 일상의 특정한 상황을 활용해 '~할 때 사용하는' 시장을 만드는 방법이 있습니다. 제품이나 서비스를 상황과 함께 제공함으로써 소비자가 특정 상황에서 나의 제품만을 떠올리게끔 유도하는 것입니다.

 헬스케어 스타트업 모노랩스가 2021년 출시한 '공부할 때 먹는 젤(이하 공먹젤)'은 집중력 향상과 컨디션 관리를 돕는 스마트 스낵입니다. '공먹젤'은 수험생이나 직장인이 몰입해야 할 때, 시험 당일 긴장될 때, 혹은 피로감이 높을 때 집중할 수 있도록 도와준다고 마케팅합니다. 출시 이후 수험생 자녀를 둔 부모님과 직장인 사이에서 입소문이 나면서 1년 만에 누적 판매량 20만 개를 돌파했습니다. 제품을 사용하는 상황을 제품 이름에 결합하고 광고 모델인 츄

모노랩스의 공먹젤

를 활용한 영상 광고로 '공부할 때 먹는 젤리'라는 메시지를 반복해 전달하면서 소비자에게 직관적으로 각인시켰습니다.

　P&G의 '다우니'는 빨래할 때 가장 먼저 떠오르는 브랜드입니다. 그중에서 '다우니 엑스퍼트 실내 건조'는 한국인들의 생활 습관을 정확히 파악해 제품에 반영한 성공 사례로 꼽힙니다. 아파트 중심의 주거 환경과 장마, 미세먼지 등의 기후적 요인을 고려해 출시된 이 제품은 강화된 냄새 중화 입자를 적용해 실내에서 빨래를 말릴 경우 발생하는 특유의 덜 마른 냄새를 효과적으로 제거합니다. 이를 '세탁 후 실내 건조할 때 다우니 엑스퍼트 실내 건조'라는 슬로 건을 활용해 간결하게 전달했습니다. 소비자의 생활 습관과 기호를

모든 마케터는 사업가다

파악해 핵심만 전달하는 이러한 전략이 다우니를 세계적인 브랜드로 성장시켰다고 생각합니다.

슈케어 브랜드 만듬의 '만듬 신발 클리너'는 세탁 없이 신발을 깨끗하게 관리할 수 있는 슈즈 케어 제품입니다. 물에 타지 않고 신발에 직접 분사해 사용하는 방식으로, 세탁소에 가지 않고도 손쉽게 신발을 닦을 수 있습니다. 특히 장기 여행 계획 시 클리너 하나로 깨끗하게 신발을 관리하면 짐도 줄이고 여행 내내 쾌적한 기분을 누릴 수 있습니다. 이런 메시지를 '여행 후 신발 관리'라는 슬로건으로 표현했습니다.

사조대림의 '캠프앤하우스'는 2012년 '캠핑장에서도 집에서도 독일식 정통 소시지를 즐기자!'라는 컨셉으로 탄생해 출시 1년 만에 100만 개 이상 판매되는 등 큰 인기를 누린 제품입니다. 그중에서도 '캠프앤하우스 부어스트콤비네이션'은 여러 종류의 소시지를 한 번에 즐길 수 있어 '캠핑할 때 먹는 소시지'로 불립니다. 팬데믹의 여파로 야외 활동이 증가하며 2021년 국내 캠핑 산업 규모가 약 6조 3000억 원으로 추정되는 가운데, 앞으로 캠핑 먹거리 시장 또한 지속적으로 성장할 것으로 예상됩니다.

코오롱 인더스트리 FnC 부문(이하 코오롱)은 2022년 10월 프리미엄 낚시 웨어 브랜드 '웨더몬스터'를 론칭했습니다. 2022년 낚시 인구는 약 973만으로 추정되고 2024년에는 1000만 명 이상으로 예측되었던 가운데, 낚시 용품 시장은 형성되어 있지만 낚시 웨어 시장은 거의 전무한 상태였습니다. 이에 코오롱은 아웃도어의 영역을 확대하기 위해 낚시 전용 웨어를 표방한 브랜드 '웨더 몬스터'를 론칭했습니다. 내마모성과 투습, 방수, 발수 등 낚시 활동에 좋은 기능을 적용한 웨이더 팬츠(가슴까지 올라오는 낚시 전용 바지)와 갯바위 펠트, 전문 재킷을 통해 안전하고 편리한 낚시 활동을 즐길 수 있습니다. 아웃도어 시장의 선두 주자 코오롱이 '웨더몬스터'를 통해 산을 넘어 아웃도어의 영역을 바다로 확장할 수 있을지 기대해 봅니다.

이러한 TPO 쪼개기는 기존의 경쟁사를 압도할 만한 강력한 힘을 내지는 못하지만, 더욱 치열해지는 경쟁과 쏟아지는 대체재 속에서는 살아남을 수 있는 컨셉팅 기법입니다. 큰 시장을 독점하지 못하는 환경에서 조그마한 시장이라도 잡아 생존하는 방식이지만, 짜파게티나 아침에주스처럼 뾰족한 엣지를 통해 시장 내에서 성공적인 브랜드로 성장하기도 합니다.

혹시나 '이 시장이 너무 작은 파이가 아닐까?'라고 걱정하고 있나요? 그렇다면 제발 그 시장만이라도 차지하라고 강력히 권하고 싶습니다. 플랫폼 비즈니스의 거품이 걷힌 사업 한랭기인 요즘, '시장에서 자생력을 갖고 생존하기', 그 자체가 비즈니스 트렌드가 되었습니다. 소비자가 인식하는 시간·장소·상황에 따른 나만의 확고한 영역을 구축해 놓고 소비자 혜택을 전달한다면, 내가 가진 마케팅 자원이 한정되어 있더라도 최대의 효율을 발휘할 수 있을 것입니다.

07

법칙 7

뱀의 머리라도 노린다면

② 고객을 쪼개라

"4050 중년 여성을 위한 패션 어플 '퀸잇'이라고 알아? 우리 엄마 한테 깔아줘야겠어~"

"이번에 우리 사무실 옆에 직장인 전용 낮잠 카페가 생겼다는데, 이따 가볼래?"

"영어 학원을 알아보고 있는데 어디가 좋을까? 나 같은 '영알못'한 테는 '왕초보 영어 해커스톡'이 좋다던데!"

'고객 쪼개기' 또한 메인 시장은 내어주더라도 시장을 '고객(사람)의 특성'을 기준으로 더욱 세분화해 '누구누구 전용 ○○○'을 만드는 컨셉팅 기법입니다. 시장을 TPO로 쪼개는 여섯 번째 컨셉팅 방식과 비슷하지요. 제품의 수명이 성장기나 성숙기에 접어들어 경쟁이 치열하고 차별화가 어려운 시장에서 확실한 '나만의 영역'을 구축해 소비자가 나를 선택할 명분을 만들어내는 방식입니다.

시장을 쪼개는 방법은 크게 세 가지가 있습니다. 지금부터 고객 데모그래픽(인구통계학적 특성), 라이프스타일, 고객의 관여도에 따라 시장을 세분화하는 방법을 사례와 함께 알아보겠습니다.

고객 데모그래픽에 따라
쪼개기

데모그래픽은 주로 마케팅 조사나 통계학에서 언급되는 경영 용어로, 소비자를 인구학적(나이·성별·직업·수입·교육 수준) 요소로 나누어 파악하는 기준을 의미합니다. 데모그래픽으로 시장을 쪼개는 건 위에서 언급한 인구학적 기준에 따라 '○○ 전용'이라는 의미를 만드는 기법입니다. 폭발적이지는 않지만 소소하게 수요가 있는 '남성 전용 화장품'(성별), 노인 전용 스마트폰 '실버폰'(나이), 아이들 전용 카페 '키즈 카페'(나이), 임산부용 '튼살 크림'(라이프 스테이지) 등이 이에 해당합니다.

2020년 론칭한 홈웨어 브랜드 나른은 트렁크가 남자만의 속옷이라는 고정관념에서 탈피해 여성용 트렁크인 '맨살 트렁크'를 출시해 1년 만에 31만 장이 판매되었습니다. 맨살 트렁크는 남성들

나른의 맨살 트렁크

만의 속옷으로 여겨졌던 트렁크를 여성의 신체 구조에 맞게 재구
성해, Y존 압박과 습한 환경 등 기존 여성 삼각팬티가 가진 불편함
에서 여성들을 해방시켰습니다. 여성 Y존에 맞게 만들어진 '브릿
지 구조'로 착용감을 개선했고, 몸에 붙지 않는 가볍고 탄탄한 면
100%에 순면을 덧대어 통풍 기능과 분비물 흡수 효과까지 더했습
니다. 이러한 성능 덕에 '여성용 트렁크 팬티'라는 낯선 개념에도
불구하고, 기존 언더웨어로 불편함을 느꼈던 많은 여성의 뜨거운
공감을 얻어내며 '2021년 대한민국 올해의 히트상품' 대상을 받기
도 했습니다.

앞서 알아보았던 남성 전용 화장품 '우르오스'나 여성 전용 트렁
크 '나른'처럼 '성별'이라는 고객 데모그래픽 요소를 활용한 제품이

있는가 하면, 고객의 '연령'에 주목한 제품들도 있습니다. 종근당의 '벤포벨'은 개정된 의약품 표준 제조 기준을 적용해 '벤포벨S'를 새롭게 출시하며 2023년 '어른들의 비타민'이라는 슬로건을 내세운 신규 TV 광고를 론칭했습니다. 벤포벨S는 메코발라민 성분을 보강해 어린아이들보다 성인에게 필요한 육체 피로 개선 및 간 기능 개선 효과를 높였죠. '만 19세 이상의 성인 전용 고함량 활성비타민'이라는 제품 USP를 강조하기 위해, 성인들이 일상에서 공감할 수 있는 이야기를 담아 효능을 재치 있게 전달한 광고로 소비자들의 호평을 얻었습니다. 팬데믹 이후 더욱 치열해진 비타민 영양제 시장에서 '어른들을 위한 성인 전용 비타민'이라는 나만의 확실한 영역을 구축해 세부 표적 시장을 공략한 것입니다.

2020년 9월 론칭한 온라인 패션 플랫폼 '퀸잇'은 4050 중년층 여성을 위한 모바일 패션 커머스 서비스를 운영해 오고 있습니다. 팬데믹 이후로 4050 여성들의 온라인 소비가 증가하긴 했지만, 이들이 기존의 2030 여성을 타깃으로 하는 에이블리, W컨셉, 지그재그와 같은 패션 앱에서 원하는 의류를 구매하는 일은 쉽지 않았습니다. 퀸잇은 노출이 많고 타이트한 제품이나 보세 브랜드의 옷 대신 중년 여성이 좋아할 만한 브랜드 및 할인 상품을 전면에 내세웠습니다. 그리고 모바일 어플 사용이 익숙하지 않은 이들을 위해 단순하고 직관적인 디자인을 도입해 쉽고 편한 모바일 의류 쇼핑 경험을 제공했습니다. 또한 일반 중년 여성 모델이 등장하는 친숙한 영상 광고를 통해 중년 여성의 공감을 얻어내며 인지도를 쌓았습니다. 퀸잇은 론칭 약 1년 만에 누적 다운로드 350만 회를 돌파하는 등 MZ 세대를 타깃으로 하던 기존 패션 플랫폼 시장에 큰 바람을 일으켰습니다. 4050 여성들이 얼마나 그들만을 위한 서비스를 기다려왔는지, 또한 퀸잇이 그런 중장년층 여성들의 니즈를 얼마나 잘 해소했는지 보여주는 사례입니다.

성별, 연령뿐만 아니라 고객의 라이프 스테이지에 중점을 둔 제품도 있습니다. 글로벌 스킨케어 전문 브랜드 비오템의 '비오베르제뛰르(BIOVERGETURE) 튼살 크림'은 임산부들을 위한 바디 크림으로 유명세를 탔습니다. 프랑스어로 '흔적, 자국'이라는 뜻을 지닌 비오베르제뛰르 튼살 크림은 실리시움 유도체로 매끈하고 탄력 있는 피부결을 유지해 주고, 셰어버터와 대두 오일 성분이 피부 보습과 유연성 향상을 돕습니다. 임산부의 임신선과 튼살 완화 효과를 강화하고 파라벤 무첨가 등 순한 성분을 함유하여 '예비맘 필수 크림'이라는 별명을 갖게 되었습니다.

고객의 라이프스타일에 따라
쪼개기

앞서 살펴봤듯이 고객의 인구학적 특성에 따라서 시장을 쪼갤 수

모든 마케터는 사업가다

도 있지만, 고객의 라이프스타일에 따라서도 시장을 쪼갤 수 있습니다. 라이프스타일이란 사람의 생활 구조·생활 의식·생활 행동의 세 가지 요소가 결합한 생활 체계로, 데모그래픽과 마찬가지로 마케팅이나 소비자 행동 연구의 주요 분석 과제로 여겨져 왔습니다. 사람들은 개성에 따라 각기 다른 라이프스타일을 가지는데, 이 제각각의 라이프스타일을 기준으로 시장을 쪼개 공략하는 제품과 서비스들도 있습니다.

장기 출장 혹은 휴가를 떠날 때 숙박 예약으로 곤란한 일을 겪은 경험이 있나요? 기존 숙박 플랫폼은 무조건 1박을 기준으로 가격이 나오고, 한 달을 머물면 별도의 협상 과정을 거쳐 할인을 받아야 합니다. 중장기 숙박 전문 서비스 플랫폼 '미스터멘션'은 이러한 번거로움을 단번에 해결했습니다. 2016년 제주도를 중심으로 장기 숙박 서비스를 출시한 미스터멘션은 '제주 한 달 살기', '강원도 한 달 살기'처럼 중장기 여행객들을 위한 숙소를 확장해 왔습니다. 팬데믹 이후 재택근무와 휴가를 결합한 '워케이션'이 트렌드로 떠오르며 장기 숙박은 이제 하나의 라이프스타일로 자리 잡게 되었습니다. 팬데믹으로 한국 관광 업계가 직격탄을 맞은 상황에서도 미스터멘션이 누적 이용자 수 400만 명을 돌파하는 등 호황을 누릴 수 있었던 이유는, 많고 많은 숙박 플랫폼 사이에서 유일하게 장기 투숙객의 목소리를 들어주었기 때문이 아닐까 합니다.

한국타이어가 2022년 출시한 '아이온'은 고성능 전기차 운전자를 위한 전기차 전용 타이어입니다. 전기차는 힘이 모터에서 바퀴로 바로 전달되기 때문에 토크 전달력이 큰 데다, 약 200kg에 달하는 배터리가 장착되어 있으므로 차량의 중량이 무거워 타이어 내구성이 높아야 합니다. 이 외에도 전기차 타이어는 낮은 회전 저항, 저소음, 높은 접지력과 내마모성 등의 성능을 갖추고 있어야 합니다. 아이온은 이런 기능을 전부 갖추고 있어 전기차 운전자들의 위험 부담을 한층 덜어주었습니다. 2022년 전기차 내수가 연 10만 대를 돌파한 가운데, 전기차 전용 타이어 산업에도 봄바람이 불 것으로 예상됩니다.

최근 고물가에 전기요금과 가스요금 부담이 늘면서 에너지 소비 효율이 좋은 인덕션의 수요가 증가하고 있습니다. 인덕션은 가스레인지보다 안전하면서 뜨거운 열기를 피할 수 있다는 장점이 있지만 그만큼 관리가 까다롭습니다. 쿠팡의 생활용품 PB 브랜드 탐사는 2022년 인덕션 전용 세제 '인덕션&하이라이트 클리너'를 출시해 인덕션의 올바른 오염 제거 방법을 제안했습니다. 인덕션 상판의 기름때를 올이 굵은 수세미나 철수세미로 닦으면 세라믹 글라스에 흠집이 나 내열도가 손상될 수 있습니다. 하지만 인덕션&하이라이트 클리너는 자연 유래 연마 성분인 규조토를 함유해 부품의 결함을 방지하고 코팅 및 광택 효과까지 누리는 소비자 혜택을 부여해, 인덕션 사용자들의 생활 속 불편함을 해결했습니다.

주식회사 뉴플러스기획이 2021년 론칭한 '멍타냥택시'는 반려동물 보호자 전용 펫 택시 플랫폼입니다. 멍타냥택시는 동물운송업을 하는 운전사들과 이동이 필요한 반려동물 보호자 간 매칭 서비스와 반려동물이 보호자 없이도 이동할 수 있는 프리미엄 펫 케어 서비스를 제공합니다. 멍타냥택시에서 운영되는 택시에는 배변 패드, 물티슈, 세척 장비 등 반려동물 케어 장비들은 물론이고 혹시라도 발생할 사건사고를 대비해 내부 CCTV도 구비되어 있습니다. 멍타냥택시는 반려동물과 함께 택시를 타려다 승차 거부를 당하는 등 이동에 제약이 있거나, 반려동물 안전에 대한 불안감으로 심리적 불편함을 겪었던 반려인들의 고충을 해소해 주었습니다.

고객 관여도에 따라
쪼개기

고객의 생활방식 외에 고객의 관여도에 따라 시장을 나누는 방법도 있습니다. 관여도란 제품이나 서비스를 구매할 시 소비자가 정보 탐색에 시간과 노력을 기울이는 정도를 의미합니다. 마케팅에서는 제품에 대해 갖는 관심도, 즉 관여도에 따라 소비자를 고관여 소비자(heavy user), 중간 관여 소비자(medium user), 저관여 소비자(light user) 등으로 세분화합니다. 그리고 해당 타깃에 맞는 메시지로 타깃의 구매를 유도합니다. 고객의 관여도에 따라 시장을 쪼개는 데 성공한 사례들을 함께 살펴봅시다.

'왕초보 와요~ 해~ 커스 톡!' 듣는 순간부터 귓가에 맴돌던 2015년 '해커스톡'의 CM송을 기억할까요? 왕초보라면 해커스톡을 이용하라는 굉장히 단순한 문구였지만, 이 광고는 전국의 영어 왕초보자들의 심금을 울리는 데 성공했습니다. 해커스톡은 하루 10분으로 심플하지만 확실하게 생활 영어 회화를 습득할 수 있는 영어 말하기 강의입니다. 기초 영어 전문가와 함께하는 '왕초보의, 왕초보를 위한' 영어 말하기를 강조하며, 영어 공포증이 있는 영어 입문자들의 진입장벽을 낮추었습니다. 기존 영어 교육 브랜드들이 교육의 효과나 토익·토플·회화 등의 전문 커리큘럼을 내세울 때, 해커스톡은 초보자 전용 영어 교육이라는 접근 방식을 통해 많은 사랑을 받으며 최근 '국내 1등 영어'로 큰 성장을 이루었습니다.

한국인삼공사(KGC)의 정관장이 2022년 출시한 '천녹한제'는 녹용 입문자를 위한 맞춤 제품입니다. 녹용은 특유의 진한 향이 처음 접하는 사람들에겐 역하게 느껴지기도 합니다. 천녹한제는 부담 없는 녹용 함량과 부드러운 맛으로 처음 녹용을 접하는 소비자들도 편안하게 섭취할 수 있도록 했습니다. 또한 주원료인 녹용농축액에 홍삼농축액, 숙지황, 구기자, 당귀 등을 배합해 녹용의 향을 줄이면서도 단기간에 기력을 보충할 수 있도록 도왔습니다. 이 밖에도 하루 두 포씩 총 10일 분의 소량 구성과 합리적인 가격을 내세워 건강식품 저관여 소비자를 공략했습니다.

모든 마케터는 사업가다

정관장 천녹한제

저관여자를 공략한 제품과 달리 고관여자를 타깃으로 한 제품 및 서비스도 있습니다. 광학기기 전문 기업 니콘은 최첨단 디지털 영상 기술을 탑재한 전문가를 위한 카메라를 제안했습니다. 한 세기 가까이 축적해 온 니콘만의 광학 및 정밀 가공에 관한 기술력을 기반으로, 플래그십 DSLR인 'D6', 풀 프레임 미러리스 'Z 시리즈', 거리측정기인 'COOLSHOT' 등의 라인업을 제공합니다. 제품 상세 페이지도 전문용어를 사용해 매우 상세히 기술해, 카메라 고관여자들이 궁금해하는 정보를 보다 세밀하고 깊게 전달했습니다. 또한 공식 홈페이지에서 정기적으로 사진 콘테스트를 개최해 사진 전문가들의 승부욕을 자극하는 등 핵심 타깃인 전문가들을 성공적으로 공략했습니다.

㈜푸드나무가 2019년 론칭한 '개근질마트'는 보디빌딩&피트니스 전문 스토어로, 운동 전문가와 마니아를 위한 운동 용품 및 식단을 제공합니다. 운동 고관여자들의 세분화된 니즈에 맞게 운동기구 및 헬스 용품들을 다양한 카테고리로 세세하게 분류해 두었으며, 대회 준비 용품은 별도 카테고리로 분리해 운영하고 있습니다. 홈페이지 내에서 헬스 매거진도 별도로 운영해 운동 고관여자를 위한 정보를 전달합니다.

지금까지 고객의 데모그래픽, 라이프스타일, 관여도에 따라 시장을 쪼개는 방법들을 살펴봤습니다. 이처럼 고객 쪼개기 컨셉팅 기법은 더욱 세분화된 고객의 특성을 바탕으로 '누구누구 전용 ○○○'을 만들어, 경쟁시장 내에서 나만의 확실한 고유 영역을 만들어 내는 데 그 목적이 있습니다. 여기서 중요한 건 단순히 고객에 따라 시장을 쪼개는 게 아니라, 세분화한 고객들이 원하는 '특별한 혜택'을 넣어주는 것입니다. 왜 남성 전용인지, 왜 임산부 전용인지, 왜 초보자용인지를 명확히 뒷받침하는 신뢰 요소, 즉 RTB가 있어야 고객의 공감을 얻어낼 수 있습니다. 물론 이는 우리가 앞서 살펴봤던 모든 컨셉팅 방법에 해당하는 핵심 요소이기도 합니다.

4050 중년 여성 패션앱 '퀸잇'의 초기 광고는 촌스럽다는 이유로

모든 마케터는 사업가다

2030대 커뮤니티 등에서 놀림을 받기도 했습니다. 그러나 실제 서비스를 사용하는 고객인 4050 여성들이 보기에는 '나에게 딱 맞는, 나를 위한, 어울리는, 필요한'이라는 메시지를 맞춤으로 전달한 훌륭한 광고였습니다. 결국 퀸잇은 재무적 성과를 이루었고, 이를 바탕으로 톱스타 김희선을 모델로 기용하는 등 계속해서 성장세를 이어가고 있습니다.

위 사례들에서 보듯이 모든 사람의 마음을 얻으려고 하기보다 내가 선택한 작은 시장(타깃)이더라도 제대로 공략해야 훨씬 높은 성과를 얻을 수 있습니다. 마케팅의 가장 중요한 전제 조건 '자원의 유한성'을 떠올린다면 이러한 접근이 더더욱 중요하게 느껴질 것입니다.

08

법칙 8

뱀의 머리라도 노린다면

③ 사용 방식을 바꿔라

"먹는 치질약 '치센'은 환부에 바르지 않고 먹기만 하면 돼서 부담이 없대!"

"그동안 캔으로 바로 마시기만 했는데, '기네스' 맥주는 컵에 45도로 기울여서 따라야 제맛이 난대!"

"다이슨 '에어랩'은 드라이랑 스타일링을 동시에 할 수 있다는데, 나도 이번에 사볼까?"

앞선 방식과 마찬가지로, '사용 방식 바꾸기'는 메인 시장을 내어주더라도 '제품 혹은 서비스의 사용 방식'을 기준으로 시장을 더욱 세분화해 '어떻게 사용하는'이라는 내 영역에 명확하게 선을 긋는 컨셉팅 기법입니다. 역시나 시장 내 경쟁이 치열하고 제품의 핵심

모든 마케터는 사업가다

요소가 차별화되기 어렵거나 시장을 이끌 만한 자사의 경쟁력이 부족할 때, 기존 경쟁자들과 사용 방식을 다르게 해 나만의 영역을 구축하는 방식입니다.

사용 방식을 기준으로 시장을 쪼개는 방법은 '사용 방식 대체하기', '사용 방식 비틀기', '사용 방식 합치기'의 세 가지로 크게 나눌 수 있습니다.

사용 방식
대체하기

여기 기존과는 전혀 다른, 새로운 사용 방식을 제안하는 제품이 있습니다. '사용 방식 대체하기'는 제품의 사용법을 다르게 제시함으로써 기존 제품 및 서비스를 사용하면서 불편했던 점을 개선하는 전략입니다.

동국제약이 2017년 출시한 '치센'은 '먹는 치질약' 시장을 선도하며 출시 4년 만에 연 매출 91억을 달성했습니다. 시장 내 기존 치질약들은 연고, 좌약 등 국소 요법이 주를 이루다 보니 진입장벽이 높았습니다. 치질 환자들이 당당하게 병원에 가서 처방받기를 난처해하는 경우가 많았습니다. '치센'은 바르기만 했던 치질약의 기존 사용 방식을 먹는 방식으로 간편하게 교체하여 치질약의 진입장벽을 낮추는 데 성공했습니다. 바르는 치질약의 치명적인 결점이었던 '사용하는 상황의 난처함'을 해소한 먹는 치질약은 질환과 치료를 부끄럽게 여겼던 많은 치질 환자의 환대를 받았습니다. 동국제약은 이러한 먹는 치질약의 혜택에 걸맞게 '치센과 함께하는 치질 바로 알기' 등의 캠페인을 통해 치질이라는 질환을 부끄러워하지 않도록 관리 인식 제고도 병행하고 있습니다.

2021년 출시한 에스더포뮬러의 '여에스더 글루타치온 다이렉트 필름'은 구강에서 분해되는 필름 형태를 차용해 이너뷰티 시장에 큰 돌풍을 불러일으켰습니다. 피부 미용과 항산화 작용 및 인슐린 감수성 개선에 효과적인 글루타치온은 일반적인 건강기능식품과 마찬가지로 알약 형태로 복용해야 했습니다. 그러나 물과 함께 삼키는 일반 알약과 달리, '여에스더 글루타치온 다이렉트 필름'은 얇은 필름 형태로 만들어져 구강 점막에 부착하는 방식으로 복용합니다. 필름을 혀에 놓고, 혀를 올려 입천장에 붙이면 입안에서 녹아 글루타치온 성분을 바로 흡수할 수 있습니다. 특히 분자 크기가 아주 큰 단백질인 글루타치온의 특성을 고려해, 일반 알약 제형 대비 빠르게 흡수할 수 있도록 소비자 혜택을 부여했던 것이지요. 여에스더라는, 국내 건강기능식품 시장에서 가장 강력한 보증 요소까지 지닌 이 제품은 홈쇼핑 론칭 방송에서 7억 원 판매 대기록을 달성하는 등 영양제 섭취의 새로운 패러다임을 열었습니다.

사용 방식을 대체하여 성공 신화를 쓴 제품이 또 있습니다. 바로

모든 마케터는 사업가다

앞서 언급했던 광동제약의 비타500입니다. 2001년에 출시된 비타500은 출시 3년 만에 연 매출 1000억 원을 돌파하며 당시 적자였던 광동제약의 천군만마가 되어주었습니다. 기존 비타민C는 과립, 정제 형태나 빨아먹는 형태 등 당시 일상생활에서 가볍게 즐길 수 있는 존재가 아니었습니다. 그런 비타민C를 일상에서 쉽게 음용할 수 있는 음료수 형태로 바꿔준 비타500은 '마시는 비타민C'라는 광고 슬로건과 빅 모델(비, 이효리 등) 및 공격적인 샘플링 활동을 통해, 비타민을 마신다는 개념이 없었던 한국 시장에서 큰 주목을 받았습니다. 이것이 바로 비타500이 병문안 갈 때, 어른에게 가볍게 인사드릴 때 선물하기 좋은 제품으로 자리를 잡으며 출시 20년이 넘도록 큰 사랑을 받은 비결입니다.

2009년 출시한 LG생활건강의 '페리오 덴탈쿨링 마우스 스프레이'는 '헹구는' 구강청결제에서 '뿌리는' 구강청결제로 사용 방식을 대체한 대표 사례로 꼽힙니다. 기존의 구강청결제는 입으로 헹구고 뱉어야 했기에 세면대가 있는 화장실 등 특정 장소에서만 사용할 수 있었습니다. 덴탈쿨링 마우스 스프레이는 입안에 뿌리는 즉시 양치한 듯 상쾌하게 간편하고 확실하게 구취를 제거해 어디서든 사용 가능한 소비자 혜택을 부여했습니다. 주머니와 가방에 넣고 편하게 소지할 수 있는 크기라 장소를 가리지 않고 사용이 가능합니다. 사용 장소가 한정적이었던 기존 제품들의 불편한 사용 방식을 대체함으로써 제품 사용의 TPO를 확대해 일상생활에서 자기

LG생활건강의 페리오 덴탈쿨링 마우스 스프레이

관리 제품으로 자리 잡은 것입니다.

　자동차보험을 이용해 본 사람이라면 연간 보험료를 한 번에 납부할 때 부담감을 느낀 적이 있을 것입니다. 캐롯손해보험이 2020년 출시한 '캐롯 퍼마일 자동차보험'은 탄 만큼만 후불로 결제해 이러한 부담을 최소화했습니다. 기존 자동차보험은 연납 후 정산형으로, 최초 가입할 때 1년 치 보험료를 한 번에 납입하고 1년 뒤 정산 시점에 실제 주행한 거리에 따라 보험료를 환급받는 방식으로 운영됩니다. 1년 치의 금액을 납부해야 하니 비용이 부담되곤 했습니다. 특히 차량을 운행하는 날보다 그렇지 않은 날이 더 많은 이용자라면 보험료가 아깝게 느껴지기도 하고요. '캐롯 퍼마일 자동차보험'은 운행 거리에 따라 계산된 보험료에 기본료를 더해 월별로 납입할 수 있어 이용자의 비용 부담을 줄였습니다. 이용한 만큼만 결제할 수 있다는 사용 방식의 차별화로 출시 3년 만에 가입 건수 누적 100만 건 이상, 갱신율 90% 이상을 달성하는 등 고객들에게 높은 만족도를 이끌어냈습니다.

비틀기

제품 및 서비스의 사용 방식을 대체하는 기법도 있지만, 사용 방식에 나만의 차별화된 스토리를 넣어 살짝 비트는 방법도 있습니다. 이 기법은 제품의 사용 방식을 완전히 교체하는 것이 아니라 기능적·감성적으로 약간 변주를 주어, 획일화된 사용 방식에 피로도를 느낀 사용자들에게 색다른 매력과 재미를 선사하는 것입니다. 각 사례를 한번 살펴보겠습니다.

오뚜기가 2022년에 출시한 짜장 라면 '짜슐랭'은 물을 버리지 않는 '복작복작' 조리법을 적용해 뻔한 볶음 라면 제조 방식에 피로를 느꼈던 소비자들의 호기심을 자극했습니다. 복작복작 조리법은 기존 조리법 대비 물을 200ml 적게 넣어 중간에 물을 버리는 과정을 생략한 조리법입니다. 물을 많이 넣고 끓인 다음 물을 버리고 다시 조리해야 하는 짜파게티의 번거로운 조리 과정을 간소화한 동시에, 건더기 수프가 온전히 우러난 국물을 이용해 더 진한 맛을 즐길 수 있게 했습니다. 복작복작 조리법에 쏟아진 호평에 대한 화답으로 오뚜기는 해당 조리법을 자사 대표 볶음면인 '진짜장', '진진짜라', '크림진짬뽕', '스파게티' 등 봉지 라면 5종에 확대 적용했습니다. 이런 선전에도 짜슐랭이 시장점유율 69%를 차지하는 짜파게티의 굳건한 1등 자리를 넘보기에 역부족이긴 합니다. 다만 짜슐랭 출시 이전까지 짜파게티의 점유율이 80% 안팎을 넘나든 것을 고려할 때, 짜슐랭이 짜파게티의 아성을 어디까지 흔들 수 있을지 귀추가 주목됩니다.

1912년 미국에서 출시된 이후 전 세계인들의 사랑을 받는 디저트 쿠키 '오레오(OREO)'를 국내에 선보인 동서식품은 재밌는 마케팅 메시지를 사용했습니다. 동서식품이 2013년 론칭한 TV 광고 '아빠와 함께 오레오'에서는 오레오를 맛있고 재미있게 먹는 방법을 제안합니다. 해당 광고에서는 아빠와 아들이 오레오를 '비틀어(Twist), 크림을 맛보고(Lick), 우유에 퐁당(Dunk) 찍어 먹는' 연출을 통해 기존의 샌드 쿠키와 차별화된 섭취 방식을 선보였습니다. '오레오'는 이렇게 기존의 사용 방식에 스토리텔링 요소를 가미해 비틀면서, 롯데샌드와 같은 경쟁 샌드류 쿠키보다 더 효과적으로 소비자의 관심을 끄는 데 성공했습니다. 2023년 2월에 한정 출시한 글로벌 아티스트 블랙핑크와의 컬래버 제품 '오레오×블랙핑크'를 통해 색다른 맛과 디자인을 선보이는 등 최근에도 고객들의 눈과

입을 사로잡기 위해 다양한 도전을 펼치고 있습니다.

편의점에서 '기네스 드래프트' 캔맥주를 사서 그대로 마신 적 있나요? 아일랜드산 흑맥주 브랜드인 기네스의 명성만 믿다가, 캔맥주의 첫맛을 보고 '이걸 왜 마셔?' 하고 실망했다면, 기네스를 제대로 즐기는 방법을 몰랐기 때문일 수도 있습니다. 기네스 드래프트 캔맥주는 따자마자 바로 입을 대고 마시지 말고 반드시 잔에 따라 마셔야 합니다. 캔맥주로 그냥 마시는 것과 잔에 따라 마시는 것의 맛이 크게 차이 나기 때문입니다. 기네스 특유의 맛을 유지해 주는 플라스틱 재질의 질소 공 '위젯'이 그 차이를 만든다고 합니다. 캔을 따는 순간 압력 차로 위젯 안의 질소가스가 뿜어져 나오기 때문에, '캔을 따고 5초를 기다린 뒤, 45도로 잔을 기울여 맥주를 잔에 따르고, 맥주가 어느 정도 채워지면 캔을 바닥과 수직이 되도록 세워서 끝까지 따른 다음, 맥주가 완전 검정색으로 변할 때까지 기다려야' 기네스의 진정한 맛을 즐길 수 있습니다. 기존의 흑맥주들이 원료와 원산지에만 집중할 때, 기네스는 맥주를 마시는 사용 방식에 차별을 두어 그들의 트레이드마크인 '퍼펙트 파인트(부드러운 크림 거품)'를 완벽하게 즐길 수 있는 음용 경험과 특별한 맛을 전달했습니다.

합치기

앞의 두 기법이 사용 방식을 대체하거나 살짝 비트는 식으로 시장을 쪼개서 세분화했다면, 이번 기법은 각 방법을 조합해 제3의 사용 방식을 만듭니다. 다시 말해 제품의 기능을 합쳐서 여러 제품의 기능을 동시에 누리는 형태입니다. 같은 기능의 제품을 조합하거나, 다른 기능의 제품을 조합하거나, 여러 기능을 한 번에 즐길 수 있게 제품의 사용 방식을 재구성합니다. '사용 방식 합치기'는 제품의 기능을 동시에 누릴 수 있어 각각의 제품을 별도로 사용해야 하는 불편함을 줄이고 소비자에게 편리함을 제공한다는 장점이 있습니다.

2018년 출시해 서울 한남동 매장 오픈런 등 품귀 현상을 빚어낸 다이슨 코리아의 '다이슨 에어랩 멀티 스타일러'는 드라이기와 고데기의 기능을 동시에 누릴 수 있는 헤어스타일링 제품입니다. 본체에 여러 스타일의 배럴(드라이어 및 각종 스타일링 기구)을 헤어드라이, 빗질, 스타일링 등 목적에 따라 교체할 수 있습니다. 다이슨만의 공기 역학 기술을 활용해 고온으로도 열 손상 없이 스타일링이 가능하며, 미용실에서 할 수 있는 다양한 스타일을 집에서도 간편하게 직접 연출할 수 있죠. 다이슨 에어랩은 이렇게 다양한 기능과 사용 편의성으로 인해, 개당 약 70만 원을 호가하는 상당한 금액임에도 가심비 소비(가격이 비싸더라도 일상에서 자주 사용할 수 있다고 판

모든 마케터는 사업가다

단되면 지출을 아끼지 않는 소비 형태)의 대표 사례로 꼽히며 꾸준한 사랑을 받아오고 있습니다.

호주의 최대 건강기능식품 브랜드 세노비스가 2010년 국내에 처음 출시한 '트리플러스'는 비타민과 미네랄, 오메가3를 한 번에 섭취할 수 있는 3 in 1(세 가지 기능을 한 번에 담은) 복합 건강기능식품입니다. 서로 다른 효과를 지닌 건강기능식품은 개별적으로 제품을 구매해 여러 종류의 정제를 따로 일일이 챙겨야 하기 때문에 소비자 입장에서는 비용과 복용 모두 부담될 수밖에 없습니다. 세노비스 트리플러스는 비타민 열 종, 미네랄 네 종에 혈행 개선에 도움을 주는 오메가3 500mg을 한 캡슐에 담아 한 번에 간편하게 섭취할 수 있는 멀티비타민 제품입니다. 이러한 사용 방식 합치기를 통해 세노비스는 각기 다른 기능을 가진 영양제를 합쳐 비용 부담을 덜면서 복용의 편리함은 더하는 소비자 혜택을 부여했습니다.

오븐구이 치킨 호프 프랜차이즈 '누구나 홀딱 반한 닭'이 2019년 출시한 '치빵파티'는 치킨부터 사이드 메뉴인 빵까지 다양하게 맛볼 수 있는 올인원(All-In-One) 제품입니다. 기존 치킨 프랜차이즈에서는 메인 메뉴(치킨)와 사이드 메뉴(빵, 샐러드, 감자튀김 등)을 단일 메뉴로 따로 주문해야 합니다. 하지만 치빵파티는 빵, 치킨, 샐러드, 감자튀김, 소스를 한 번에 제공하는 메뉴로 소수의 인원도 양과 비용 부담 없이 다양한 메뉴를 즐길 수 있도록 기획했습니다. 또한 '맛있는 것을 다 몰빵했다'라는 슬로건과 '얼굴 천재'로 불리는 차은우를 광고 모델로 발탁해, 파티에 어울리는 트렌디한 치킨 컨셉을 메뉴 특유의 풍성함과 눈이 즐거워지는 비주얼로 전달했습니다. 빵과 치킨을 조합해 취향껏 버거로 만들어 먹을 수 있는 이색적인 즐거움을 강조해 기존 치킨 메뉴와는 색다른 매력을 선보이기도 했습니다.

2020년 출시한 키즈 액티비티 플랫폼 '애기야가자'는 누적 가입자 수 100만 명을 돌파하며 국내 영유아 부모들의 큰 관심을 끌었습니다. 애기야가자는 아이들과 함께 갈 수 있는 전국 2만 1,000곳에 대한 정보를 카테고리별·테마별·지역별·성향별로 제공합니다. 장소에 대한 정보 외에도 입장권 판매부터 육아 용품 추천 및 판매, 리뷰까지 아이와 관련한 모든 서비스를 누릴 수 있습니다. 등록되는 콘텐츠는 플랫폼 자체에서 직접 선정하며, 관련 정보 역시 내부 직원 및 서포터즈가 확인해 신뢰감을 높였습니다. 지난 팬데믹 속 야외 활동이 제한되며 아이를 위한 안전하고 믿을 만한 놀이터에 대한 정보 수요가 증가하는 가운데, 키즈 액티비티 원스톱(One-Stop, 한 곳에서 여러 기능을 한 번에 활용할 수 있는 것) 플랫폼 애기야가자는 수많은 부모의 육아에 큰 보탬이 되었습니다.

2014년 출시된 니베아의 '인샤워 바디로션'은 샤워할 때 바르는 원스텝 바디로션입니다. 샤워 중에 열리는 모공 사이로 바디로션의 영양 성분이 침투하고, 물로 헹굴 때 형성되는 오일막으로 보습 효과를 지속시킬 수 있습니다. 인샤워 바디로션은 이름 그대로 바

모든 마케터는 사업가다

디워시와 바디로션의 기능을 합쳐, 샤워와 보습을 따로 했던 기존 사용 방식의 번거로움을 해소했습니다. 샤워 후 따로 로션을 바르지 않아도 피부 보습을 유지할 수 있어 바쁜 아침에 준비 시간을 단축할 수 있다는 소비자 혜택을 어필하고 있습니다. 특히 습기 많은 여름이나 로션 특유의 끈적임을 싫어하는 사람들에게 꾸준한 인기를 누리는 중입니다.

지금까지 제품과 서비스의 사용 방식을 대체하고, 비틀고, 합치는 방법에 따라 시장을 쪼개는 컨셉팅 기법을 살펴보았습니다. '사용 방식 바꾸기'는 제품의 사용 방식을 기존의 경쟁자들과 다르게 전달함으로써 '어떠한 방법으로 사용하는' 나만의 고유 영역을 만듭니다. 그동안 계속 강조해 왔던 다른 컨셉팅 방법과 마찬가지로, 사용 방식 쪼개기를 활용할 때는 해당 기법이 결국 소비자가 받을 혜택으로 연결되어야만 단순한 차이에서 벗어나 차별화로 이어질 수 있습니다.

서울우유가 2012년 출시한 '아침에주스 듀엣'은 아침에주스 포도 맛과 오렌지 맛이 한 병에 담겨 있는 제품입니다. 얼핏 보면 오렌지주스와 포도주스를 둘 다 먹을 수 있는 획기적인 아이템으로 보이지만, 소비자에게 차디찬 외면을 당하며 조기에 운영을 중단했습니다. 굳이 두 제품을 같이 먹어야 하는 명확한 이유가 없는 데다가, 오렌지주스와 포도주스 중 하나를 싫어하는 사람 모두에게 외면받았기 때문입니다.

지우개가 연필 위에 달린 '지우개 연필'을 발명해 떼돈을 번 미국의 가난한 화가 지망생 하이만의 아이디어는 그림을 그리다가 지우개를 잃어버리지 않을 방법을 구상하던 중에 떠올린 것이었습니다. 위대한 발명품은 대단한 사건에서 탄생하지 않습니다. 단순히 지우개와 연필을 합친다는 일상 속 작은 아이디어에서 출발하더라도 쓰는 사람에게 엄청난 혜택을 줄 수 있습니다. 사소한 혜택이라고 생각했던 요소가 소비자에게는 두 팔 벌려 당신의 제품을 환영할 기회이기도 합니다. 그렇기에 우리는 평소에도 늘 소비자의 작은 목소리에 귀를 기울이는 습관을 가져야 합니다.

컨셉보드
작성하기

기업 경영의 목적은 '수익성'과 '영속성' 두 가지로 요약됩니다. 기업의 근본적인 목적은 돈을 버는 것이고(수익성), 돈을 벌어야 기업이 계속 유지될 수 있기 때문에(영속성) 기업 경영이란 개념이 존재하는 것이지요. 기업은 끊임없이 변하는 시장과 소비자의 니즈, 치열한 경쟁자들의 대응 활동, 제도, 법규, 정책 등의 외부 변수 속에서 사업을 유지해 가야 합니다. 그리고 쉬지 않고 수익성 있는 성장을 하기 위한 새로운 동력을 개발해야만 합니다. 그래서 등장하는 '새로운 동력'이 바로 신제품입니다.

범람하는 신제품의 홍수 속에서 5%가 채 되지 않는 시장 내 생존 확률을 높이기 위해, 규모를 갖춘 기업들은 NPD(New Product Development)라는 신제품 개발 프로세스를 운영하기도 합니다. NPD란 신제품 출시를 위한 각 단계를 절차화해 다양한 시각으로 검토하고 시뮬레이션한 다음, 객관적 지표로 수치화해 관리하는 기업의 관리 프로세스를 말합니다. NPD는 일반적으로 (1)아이디어 단계, (2)컨셉 단계, (3)상품화 단계, (4)출시 후 사후관리 단계의 네 가지 프로세스로 나눕니다. 기업의 내부 상황과 편의에 따라 2~4단계로 운영하는 경우도 있습니다. 이 절차들의 역할을 (1)씨를 뿌리고, (2)뼈대를 잡고, (3)살을 붙여서, (4)출시하고 관리하는 과정으로 설명하기도 합니다.

　기업이 신제품을 출시하는 과정에서 가장 중요한 단계는 단연코 '컨셉 단계'입니다. 신제품이 시장에 출시되어 제대로 자리 잡도록 탄탄하게 준비해야 하는 단계이기에 '뼈대 잡기'로 비유되곤 합니다. 일반적으로 환경을 분석하고, 전략을 설정해 신제품의 컨셉을 정하고, 소비자 조사로 컨셉의 수용도와 리뷰 등을 미리 체크해 보며, 출시 일정 및 제품 출시에 따른 매출과 비용, 손익과 같은 출시 이후의 상황까지 시뮬레이션해 검토합니다. 제품의 컨셉을 세우는 일은 신제품의 생존 여부를 결정할 만큼 큰 영향력을 가진 중요한 작업입니다. 기업이 하나의 신제품을 출시하고 론칭하는 데 개발비, 인건비, 디자인비, 원부자재비, 물류비, 광고 홍보비, 판매촉진비, 때로는 제조설비를 구축하기 위한 비용에 시간까지 투여됩니다. 작게는 몇 천만 원부터 많게는 수천억 원에 달하는 막대한 금액이 들기 때문에, 조금이라도 시장 내 생존 확률을 높이기 위해 철저한 조사와 신중한 검토 과정이 필요할 수밖에 없지요. 그래서 기업은 신제품의 전체적인 뼈대를 만들고, 이를 바탕으로 사내 유관 부서들과 정확하게 소통하고, 가상의 소비자들에게 확인 절차를 거치는 등 기초공사를 위해 '컨셉 보드(Concept Board)'라는 툴을 활용합니다.

'컨셉 보드'는 생존할 수 있는 신제품을 만들기 위한 방법론입니다. 실무에서는 제품의 핵심적인 컨셉과 특징, 소비자 혜택, 각종 정보를 함축적으로 표현해 기술한 보드 형태의 문서를 가리킵니다. 제품을 통해 소비자에게 제안하고자 하는 혜택과 정보들을 단어, 문장, 사진, 이미지 등의 시각 자료 형태로 제시하는 역할을 합니다. 이 자료가 있으면 유관 부서와의 의사소통도 더 명확하고 뾰족하게 끌고 갈 수 있습니다.

컨셉 보드는 보통 다음의 세 단계를 거쳐 작성하게 됩니다.

(1) 마케팅 부서에서 다양한 사업 현황을 분석해 새로운 제품의 개발 전략 수립
(2) 컨셉 보드를 통해 신제품의 컨셉을 구현한 뒤 기업 내 연관 부서들과 공유
(3) '컨셉 조사'라는 정량적 소비자 조사를 통해 객관적이고 합리적으로 검증한 후 수정 작업 진행

이렇게 작성한 컨셉 보드는 마케팅 부서가 경영진에게 개발 진행에 대한 승인을 받는 용도로 활용합니다. 컨셉 보드는 기업이 새로운 사업

이나 제품, 서비스를 개발하고 출시할 때 막대한 자원을 낭비할 위험을 낮춰주는 가설 검증 장치(Test-Bed)로, 일종의 예방 주사와 같은 역할을 합니다. 이 과정을 통해 기업은 신사업이나 신제품의 시장성과 소비자 수용도를 예측할 수 있으므로 반드시 거쳐야 합니다.

컨셉 보드는 제품이 시장에서 생존할 확률을 높이도록 신제품의 혜택과 운영 목적을 일치시키는 기능을 합니다. 그러므로 기업 내부의 생산·연구·영업·구매·디자인·광고 등 다양한 부서에 명확하고 일관된 정보를 전달하는 것이 중요합니다. 종종 광고나 디자인, 인테리어 컨셉에 감성적이고 간접적인 문구와 느낌에 기인한 표현을 쓰기도 합니다. 그러나 마케팅에서의 컨셉은 소비자에게 전하는 차별화된 혜택입니다. 그 때문에 컨셉 보드에는 감성적인 광고 카피나 자극적인 이미지, 애매하고 간접적인 표현은 써서는 안 됩니다. 소비자조사 과정에서 창의적인 카피나 이미지 등의 감성적인 영역이 눈길을 끌게 되면, 제품의 시장성을 제대로 판단할 수 없기 때문입니다. 물론 법적으로 사용할 수 없거나 허위로 과장한 내용을 넣어서도 안 됩니다. 신제품 컨셉을 정리할 때 보통은 제품을 함축적으로 설명하는 문장과 소비자의 인사이트, 사용된 재료, 기술, 사용 방법, 포장재 정보, 용량과 가격 등의 객관적 정보를 게재합니다. 객관적인 설명을 정확하게 전달해야 제품을 출시했을 때의 시장성을 판단할 수 있습니다.

모든 마케터는 사업가다

컨셉 보드의 구성

이제 본격적으로 컨셉 보드에 반드시 들어가야 하는 주요 구성 요소와 컨셉 보드 작성 방법을 알아보겠습니다. 컨셉 보드에는 필수 구성 요소인 제목/헤드라인, 소비자 인사이트, 소비자 혜택, RTB(Reason To Believe, 신뢰 요소) 이렇게 네 가지가 들어가야 합니다.

첫째, 제목/헤드라인은 이 제품이 소비자에게 어떤 혜택을 줄 수 있는지를 한 문장으로 요약한 것입니다. 따라서 컨셉의 헤드라인을 작성할 때는 소비자의 불편이나 출시 목적, 핵심 기술 등의 내용보다 소비자가 받을 혜택을 중심으로 구성해야 합니다. 흔히 혜택을 설명하기 위해 컨셉을 나타내는 제품명을 함께 표기하거나, 소비자 조사 방법에 따라 정해진 브랜드명을 헤드라인에 붙이기도 합니다. 내부 소통용으로 작성하는 컨셉 보드라 하더라도 제조사나 업계의 전문 용어가 아니라 소비자의 언어로 이해하기 쉽게 작성해야 합니다. 그러나 '소비자의 언어'를 활용한답시고 감상적인 표현이나 창의적인 카피를 사용해서는 안 됩니다. 헤드라인은 컨셉 보드의 다양한 제품 특징과 RTB를 포괄하는 개념이므로 일반적으로 컨셉 보드의 마지막 단계에서 정리되곤 합니다.

둘째, 소비자 인사이트는 기업이 소비자에게 선보이려는 제품에 대한 배경 설명이자 '컨셉이 존재하는 이유'입니다. 동시에 소비자의 불편에 공감대를 형성하는 중요한 역할을 하기 때문에, 소비자의 구매 의향과 직결되는 요소입니다. 소비자 인사이트는 단순히 소비자의 입장만을 뜻하지 않습니다. 기업 내부에서 출시하려는 제품의 역할과 목적을 규정하고, 소비자가 겪는 문제나 이슈 혹은 시장 기회를 정의하기도 합니다. 그리고 우리가 개발하는 신제품의 목적에 따라 역할을 규정하기도 합니다. 소비자의 새로운 수요를 발굴하려는 목적인지, 기존 경쟁사 제품의 불편한 점을 공략하려는 목적인지, 완전히 새로운 시장을 창출하고 선도하려는 목적인지에 따라 기업의 비즈니스 전략과 역할을 조정하는 것입니다.

컨셉 관련 설문 조사에 따르면, 소비자의 구매 의향이 낮은 제품의 컨셉은 소비자 인사이트부터 이미 낮은 평가를 받습니다. 이는 제품을 필요로 하는 상황에 대한 공감대가 형성되지 않아 구매 의향이 저하됐다고 해석할 수 있습니다. 따라서 소비자 인사이트에서는 '이 제품이 왜 필요할까?'라는 질문과 연결해 맥락과 스토리를 설정하고, 이렇게 얻은 인사이트를 활용해서 소비자의 공감을 이끌어내야 합니다. 제품이 전달하고자 하는 바와 소비자 혜택이 반드시 논리적으로 연결되어야 하는 것입니다. 우리의 타깃이 겪는 불편과 문제점, 이슈를 찾고 소비자의 감정, 행동과 의사 결정 패턴에서 어떤 니즈와 욕구가 있는지를 확인해 논리적으로 정리합니다. 보통은 소비자가 기존 제품을 사용할 때 겪는 불편함, 스트레스를 받는 상황, 숨겨진 욕구나 바람, 해결되지 않은 이슈 상황 등을 작성합니다. 다만 이때 소비자의 행동이나 태도를 평가하지 않도록 주의해야 합니다. 소비자에게 무시당한 듯한 부정적 경험을 제공할 수 있기 때문입니다. 사용하는 상황을 너무 구체적이고 한정적으로 제안하는 것, 소비자에게 문제가 아닌 상황을 문제라고 강요하는 것,

제품과 상관없는 사례를 보여주는 것 또한 피해야 합니다.

셋째, 소비자 혜택은 제품을 통해 소비자에게 전달하려는 핵심적인 혜택과 가치를 제안하고 약속하는 과정입니다. 이 요소는 가치 제공을 통한 소비자 행동(관심·선호·구매 등) 변화 유발, 문제나 시장 상황에 대한 해결책을 제시하는 부분입니다. 소비자 혜택을 정할 때는 제품의 기능적 혜택과 감성적 혜택을 기존 경쟁재 또는 대체재들과 차별화된 방법으로 명확하게 전달하는 것이 중요합니다.

기능적 혜택은 제품 자체가 제공하는 실질적이고 객관적이며 이성적인 혜택을 의미합니다. 즉, '소비자가 무엇을 얻는가?'에 대한 답이라 볼 수 있겠습니다. 반면 감성적 혜택은 제품을 소비하면서 느끼는 감성적이고 주관적인 무형의 혜택을 의미합니다. '소비자가 어떻게 느끼는가?'와 관련된 것입니다. 소비자 혜택은 '제목/헤드라인'과 '소비자 인사이트'를 논리적이고 자연스럽게 연결하는 해결책이어야 합니다. 이 해결책을 소비자에게 전할 때는 제품 자체의 특징을 나열하지 말고, 인사이트에 대한 답을 줄 수 있는 내용을 중심으로 접근해야 합니다. 그리고 제품의 혜택과 가치를 과장하지 않고 객관적인 사실을 기반으로 명확하게 전달해야 합니다. 컨셉의 목적은 기존 대체재나 시장 내 경쟁 플레이어들과 차별화된 소비자 혜택을 제공하는 것입니다. 만약 차별화된 요소가 없다면 컨셉의 의미 또한 없는거나 마찬가지입니다.

넷째, RTB는 소비자에게 전달하는 혜택과 가치를 뒷받침하는 근거로, 소비자가 이 혜택을 실제로 얻을 수 있을 것이라는 신뢰를 구축하는 요소입니다.

RTB는 크게 두 가지로 나뉩니다.

(1) 제품이 약속하는 혜택에 대한 확신을 주는 근거
(2) 경쟁 제품과 차별화된 혜택을 전달하는 방법

RTB의 유형은 매우 다양합니다. 예를 들어 제품의 기능이나 특징, 제조 방식이나 원료, 소리, 디자인, 질감과 같은 기술적 요소부터 브랜드의 히스토리와 창업자의 스토리, 제품의 사용 방식까지 RTB에 포함됩니다. 이 다양한 유형 중에서 우리의 제품과 서비스가 소비자에게 제공하는 혜택을 뒷받침할 적절한 근거를 선택하면 됩니다.

RTB는 소비자의 혜택에 대한 논리이자 근거이므로, 단순하고 객관적이고 믿을 수 있게 설명해야 합니다. 따라서 RTB를 소비자에게 전할 때는 다음과 같은 사항을 주의할 필요가 있습니다.

(1) 소비자 혜택과 직접적으로 연관된 근거를 제시해야 한다.
    RTB는 제품의 차별화된 특성을 소비자 혜택과 함께 논리적으로 지지해야 합니다.
(2) 전문 용어 사용을 피해야 한다.
    업계에서 공공연히 사용하는 전문용어를 누구나 사용하는 표현이라고 착각해서는 안 됩니다. 이를 구분하지 못하면 소비자에게 의문을 야기하고, 무시당하는 듯한 부정적인 감정을 유발할 수 있습니다.

(3) RTB와 소비자 혜택의 차이를 기억해야 한다.

RTB와 소비자 혜택을 섞어 작성하면, 이후 컨셉 조사 결과가 왜 그렇게 나왔는지 이해하지 못할 수도 있습니다. RTB는 혜택을 뒷받침하는 논리로만 사용해야 합니다.

네 가지 필수 구성 요소 이외에도 필요에 따라 추가적인 제품 요소가 컨셉 보드에 들어가기도 합니다. 가격, 디자인, 사용 방법, 판매 채널, 레시피 등이 그렇지요. 특히 가격은 소비자가 기대하는 가치와 교환하는 핵심 요소인 만큼, 소비자 조사를 통해 소비자의 수용도를 확인하기도 합니다. 이를 통해 얻은 데이터는 소비자가 예측한 제품의 가격대, 수용할 수 있는 가격대 등의 지표를 통해 적절한 가격을 책정하는 데 쓰입니다.

잘 만든 컨셉 보드는 제시하는 메시지가 명확합니다. 사례의 헤드라인을 보면 소비자에게 제공할 혜택이 하나의 직관적인 핵심 문장으로 전달됩니다. 소비자 인사이트는 소비자에게 우리 신제품이 필요한 이유인 동시에 구매 의향에 직결되는 요소입니다. 이에 대한 해결책을 규정하는 것이 소비자 혜택입니다. 사례에서 소비자 혜택은 소비자의 니즈와 구매 행동 패턴 등에 연관된 논리적인 수치를 통해 소비자의 불편한

제목/헤드라인
생우유를 처음 시작할 때 배앓이나 설사 없이 소화가 잘되는 'OOO 첫 우유'

소비자 인사이트
처음 시작하는 생우유, 아기가 잘 소화할지 고민하셨죠? 우유를 마시면 더부룩하고 가스가 차는 느낌, 우유 속 유당 때문입니다.

소비자 혜택
젖 뗀 후 처음 생우유를 먹는 우리 아이가 순하게 소화할 수 있도록 유당을 일반 우유 대비 40% 정도 줄여 생우유에 잘 적응하도록 도와줍니다.

RTB

1 영양소 파괴 없이 유당만 제거
　　OO 공법으로 일반 우유에 포함된 양질의 영양소는 지키고 유당만 줄였습니다.

2. 엄격한 세균 수 관리
　　1A 등급 기준보다 6배 까다롭게 세균수를 관리하여 아기에게 안전합니다.

3. 장 건강 관리를 위한 프로바이오틱스 추가
　　소화 흡수와 방어 능력을 위해 세계적으로 검증된 프로바이오틱을 배합했습니다.

4. 용량과 보관법
　　125ml 소용량 PET용기를 사용하여 신선하고 편리하게 보관할 수 있습니다.

상황에 공감함으로써 출시 목적을 규정합니다. 사례에서는 일반 우유 대비 40% 줄인 유당으로 소화 부담을 줄인 가치를 제공하고 있습니다. 그리고 RTB로 소비자가 얻을 '기능적 혜택'의 근거를 뒷받침하고 있습니다. 이처럼 잘 작성한 컨셉 보드는 소비자의 구매 활동에 정당성을 부여합니다.

　반면 제시하는 가치가 소비자가 얻을 혜택을 담고 있지 않고 어렵거나, 기성 제품과의 차별성이 부족하다면 잘못 만든 컨셉 보드입니다. '잘못된 컨셉 보드 사례'를 보며 하나씩 문제점을 짚어보겠습니다. 사례의 헤드라인은 감성적인 문구로 포장한 광고문에 가깝습니다. 제품의 핵심을 직관적으로 요약하지 못하고 있는 점도 문제입니다. 소비자 인사이트는 소비자의 상황, 행동 등을 부정적으로 해석하고 있지요. 이렇게 소비자 인사이트에서 공감을 가장한 불쾌감을 유발하지 않도록 조심해야 합니다. 흔히 저지르는 실수가 소비자를 지적하거나 제품 사용의 범위를 한정하는 것입니다. 소비자 혜택은 소비자 인사이트에서 겪는 불편함에 대한 솔루션이 되어야 합니다. 전혀 다른 내용으로 전달되지 않도록 주의해야 합니다. 해당 사례에서는 어려운 전문 용어와 기술적인 표현이 나열되어 있습니다. 소비자의 입장이 아닌 공급자의 입장에서 제품의 특성을 정리한 것입니다. 또한 소비자 혜택과 RTB에 똑같은 내용이 반복되고 있지는 않은지 확인해야 합니다. RTB를 작성할 때도 소비자가 이해하지 못하는 전문 용어나, 제품의 특징 나열, 증명되지 않은 정부, 약속할 수 없는 과장된 표현을 쓰지 않도록 주의해야 합니다.

제목/헤드라인

행복한 젖소의 우유에 프로바이오틱을 결합하여
예쁜 우리 아기 '배 아야' 없는 '○○○ 첫 우유!'

소비자 인사이트

아기는 엄마의 관심으로 자라요.
설사하는 아이를 보며 죄책감이 들었던 적이 있으시죠?
이제 그런 나쁜 우유는 사지 마세요.

소비자 혜택

LGG 유산균과 BB-12가 들어 있는 우유입니다.

RTB

1. 깨끗한 물과 공기, 충분한 햇볕으로 행복하게 자란 소의 원유로 만들었습니다. 행복한 젖소의 우유 섭취는 아이의 정서에도 긍정적인 효과가 있습니다.

2. 프로바이오틱 L-GG와 BB-12 유산균이 들어 있는 우유입니다.

3. 고소한 맛이 나서 우유를 처음 먹는 아기도 맛있게 느낍니다.

4. IF Design을 수상한 예쁜 디자인이 적용되었습니다.

이러한 내용은 제품의 신뢰를 떨어트리며 소비자에게 혼란을 불러일으킵니다.

    결국 핵심은 소비자의 불편한 상황(소비자 인사이트)에 대한 해결책(소비자 혜택)을 주어야 한다는 것입니다. 소비자에게 우리 제품을 확실하게 각인시키려면, '소비자 인사이트'를 바탕으로 '소비자 혜택'과 'RTB'를 논리적이고 객관적으로 연결한 다음, '제목/헤드라인'으로 간결하고 명확하게 전달하면 됩니다. 이러한 일련의 과정을 담은 것이 바로 '컨셉 보드'입니다. 컨셉 보드는 제품을 출시하기 전에 전체 시장과 소비자의 인식 속에 제품이 얼마나 자리 잡을 수 있을지 확인할 수 있는 가설 검증 장치(Test-Bed)로, 신제품 개발 시 반드시 거쳐야 하는 과정임을 기억해 두기를 바랍니다.

MARKETING

호랑이는 가죽을 남기고,
마케터는 이윤을 남긴다

사업하는 마케터의 생존 도구 ② 손익 관리

마케터가
왜 손익 관리까지
알아야 하는가

01 마케터의 실력은 '아웃풋'에서 드러난다

2부에서 우리는 시장이라는 전쟁터에서 수많은 경쟁 및 대체재를 제치고 나를 선택할 명분을 만드는 '날카로운 창'인 '차별화된 컨셉'을 만났습니다. 마케터가 전쟁터의 전사라면 한 손에는 적을 무찌를 무기, 한 손에는 나를 방어할 방패가 있어야겠죠. 이번 장에서는 비즈니스의 자원을 지키고 생존력을 높이기 위한 마케팅의 '단단한 방패'인 '정교한 손익 관리'에 대해 알아보려고 합니다.

손익 관리를 회계팀이 아닌 마케터가 해야 하다니 의아한가요? 그렇지만 기업이 경영 활동을 통해 유지되려면 반드시 자원이 필요합니다. 그리고 기업 경영은 바로 '자원의 유한성'을 대전제로 삼고 있지요. 제품과 서비스를 기획하고 운영하는 기업의 마케팅 업무를 하다 보면 다음과 같은 고민이 생기기 마련입니다.

'어라? 이 제품은 왜 손익이 마이너스가 나지?'

'신제품 출시 보고를 할 때 예상 손익은 분명 이렇지 않았는데?'

'왜 이런 광고비가 나오고, 원가는 또 왜 이렇게 바뀌었지?

앞서 언급한 것처럼 온라인 광고나 콘텐츠 기획, 이벤트 운영만이 마케팅이 아닌 이유가 바로 여기에 있습니다. 소비자의 이목을 끌어와 높은 매출을 발생시켰다 할지라도 실제로 이윤이 남지 않는다면 수비수 없이 공격만 잘한 마케팅이 되는 것이지요. 매출이 높다고 사업이 성공하나요? 광고 조회수와 ROAS(Return On Advertisement Spend, 광고수익률)만 높다고 사업이 성공하나요? 그렇다고 무작정 비용을 축소하고 아끼면 사업이 성공하나요? 사업은 이러한 매출과 비용 사이 최적의 접점을 찾아 성과를 만드는 것이며, 마케팅 역시 철저하게 기업의 정량적 사업 성과에 기반해 의사결정을 해야 합니다.

마케터들이 광고 성과를 분석하고, 효율을 개선하기 위해 다양한 노력을 하고, 가격과 원가를 고민하는 이유가 바로 이것입니다. 판매량을 무작정 높이겠다고 원가 아래의 가격을 설정할 수 없고, 무턱대고 아이유처럼 톱모델을 섭외할 수도 없으며, 경쟁사보다 더 좋은 혜택을 쉽게 줄 수 없는 이유도 마찬가지입니다. 마케팅에서 크고 작은 의사 결정의 방향과 성과를 결정하는 것은 결국 매출액, 광고 효율, 영업이익, 판촉비와 같은 객관적인 손익지표가 될 수밖

모든 마케터는 사업가다

에 없습니다. 그래서 마케터의 진가는 유한한 자원의 인풋을 얼마나 효율적인 아웃풋으로 만들어낼 수 있느냐에서 판가름 납니다.

따라서 마케터는 손익 관리를 급변하는 경영 환경(소비자, 경쟁사, 유통, 매체, 제도 등) 속에서 기업의 수익을 창출하고, 기업이 영속하기 위한 수많은 의사 결정의 논거와 참고 자료로 활용할 수 있습니다. 결과적으로 기업의 사업 성과가 손익 관리에 의해 결정될 것이며, 이런 지표 중심으로 손익을 관리하는 역량이 탄탄한 방패가 되어 치열한 전쟁터에서 우리 기업을 지켜줄 것입니다.

02

마케팅 의사 결정에 필요한 최고의 도구

경영과 마케팅에서의 무수한 의사 결정 상황에서 '자원의 유한성'이 대전제가 된다고 했습니다. 그중 가장 효율적인 방향을 선택하기 위한 기준을 만드는 것이 손익 관리의 핵심이라고 볼 수 있습니다. 손익 관리 지표를 활용한 의사 결정이 필요한 이유를 다음의 상황을 통해 알아보겠습니다.

여러분은 스위스산 사과 원료를 수입해 사과주스를 제조하고 판매하는 '대박식품'의 마케터입니다. 대박식품은 자체 브랜드의 사과주스를 다양한 용량과 포장 방식으로 국내의 온오프라인 유통 채널을 통해 판매하고 있습니다. 연 매출액은 약 100억 원이죠. 그런데 어느 날, 사과주스의 핵심 원재료인 스위스산 사과 농축액의 원가가 기존 대비 20% 인상된다는 통보를 받습니다.

모든 마케터는 사업가다

마케팅 4P 관점에서 어떤 전략을 세우고 어떤 의사 결정을 내려야 우리 회사의 비즈니스가 가장 타격을 덜 받을까요? 소비자 판매가를 인상해야 할까요? 그렇다면 얼마나 올려야 할까요? 소비자가 가격에 민감하다면 가격을 유지하되 함량을 낮추거나 원산지를 바꿔서 생산 단가를 낮춰야 할까요? 제품과 판매가는 고정하고 판매 관리비를 절감해 손실을 줄이는 방법은 없을까요? 혹시 사업을 중단하는 건 어떨까요?

이러한 대안을 강구하기에 앞서, '제품의 판매와 운영 전략을 왜 회사의 경영진이 아닌 마케터가 고민하고 결정해야 할까?'라는 의문이 또다시 고개를 들 수도 있겠습니다. 잠시 대박식품에서 필요로 하는 '마케터의 역할'을 먼저 짚어보고 넘어가겠습니다.

밸류체인(Value Chain, 가치 사슬)이라 불리는 회사 내의 다양한 부서는 저마다의 수행 직무와 목표를 가지고 있습니다. 대박식품의 경우 제품을 제조하는 '생산팀', 만들어진 제품을 외부의 유통 채널에 판매하는 '영업팀', 판매처와 고객에게 제품을 전달하는 '물류팀', 원료를 조달하고 관리하는 '구매팀', 제품을 개발하는 '연구개발팀', 자금과 유무형 자산들을 관리하는 '회계팀' 등 최소 여섯 개 이상의 유관 부서가 있습니다. 각 부서에는 해당 직무의 우선순위에 따라 가장 적절한 전략적 대안을 발의할 것입니다. 현실적으로 그 대안이 소비자, 브랜드, 경쟁사, 회사의 상황에 대한 '종합적인 시각'을 반영한 결정이라고 말하기는 어렵습니다. 규모가 큰 기업은 기획과 조정 역할을 하는 전문 관리 부서에서 다양한 의견을 취합해 경영진의 의사 결정을 돕기도 합니다. 그러나 대부분의 조직은 내외부 상황을 모니터링하며 지속적인 대응을 하는 데 한계가 있습니다. 앞서 잠시 언급했던 '브랜드 매니저', 즉 마케팅 직군이 필요한 이유가 바로 내외부 환경 변화에 따라 가장 적합한 방법으로 대응하기 위해서입니다. 해결할 상황을 다각도에서 파악해 정확한 의사 결정 방향을 찾고, 결정된 사항을 유관 부서와 함께 수행하는 것이 마케터의 직무인 것이죠.

마케터는 가격을 인상했을 때의 인상률과 판매량 변화, 원료를 교체했을 때 발생 가능한 브랜드와 디자인·재고·원부자재 등의 변화, 제품과 관련된 항목 외의 비용을 절감했을 때 연쇄될 효과와 리스크를 유관 부서와의 시뮬레이션을 통해 점검하고 예측하는 역할을 수행합니다. 컨트롤 타워가 되어 종합적인 의사 결정을 내리는 역할. 대부분의 조직에서는 마케터만이 이 역할을 할 수 있습니다. 그렇기에 중소 및 스타트업 기업일수록 경영진과 가까이에서 브랜드와 제품에 대한 고민을 풀어나갈 직무를 수행하는 마케터가 필요하다고 생각합니다.

이제 마케터가 왜 사과주스 원재료 가격 인상에 대한 대안을 고안해야 하는지 의문이 풀렸겠죠? 대박식품의 마케터는 이와 같은

모든 마케터는 사업가다

상황에서 사업 성과 관리를 위한 다양한 전략을 제시하고, 정확한 가이드를 제공해야 합니다. 이때 가장 적절한 의사 결정을 하기 위해 활용하는 방법이 정량적 지표인 손익 관리입니다. 정확한 손익 관리를 위해서는, 먼저 인상되는 원가로 인해 발생할 수 있는 회사의 정량적 수치 변화 임팩트를 정확하게 파악해야 합니다. 제품의 개당 원가 인상액에 월간 혹은 연간 예상 판매량을 곱해서 금액을 산출하고, 해당 금액이 사업 성과에 얼마나 중대한 영향을 미치는지 파악해 방향을 수립하는 거죠. 이 과정을 통해 손익의 변동성을 파악한 대박식품의 마케터는, 사과주스의 원가 인상 문제를 해결하기 위해 어떤 대안을 실행할 수 있을까요? 일반적인 대안 일곱 가지를 짚어보겠습니다.

● 대안1. 손해를 감안하고 팔기

제품 가격과 패키지 디자인 등을 변경하며 발생할 부가적인 비용들을 고려했을 때, 인상된 원가가 회사의 손익에 미치는 영향이 미미하다면 기존 가격을 유지하고 약간의 손실을 감안하는 방법입니다. 특히 시장에서 기업과 제품의 인지도가 높지 않은 상황이라면 유통사에 제품의 가격 이슈를 인지시키지 않는 것이 전략적으로 더 좋은 선택일 수 있습니다.

● 대안2. 제품 판매가 인상하기

원가의 인상폭을 고려해 가격을 적정 수준으로 인상하는 방법입니다. 가격인상률을 결정하고, 유통사 등 외부 이해 관계자와 협의해 자사의 판매 단가 및 소비자 판매 가격을 올립니다. 물론 결정 과정에서는 가격을 올림으로써 줄어들 판매량을 고려해 보아야 합니다. 이 대안은 소비자나 유통사가 취급하는 제품의 판매 가격에 민감하지 않거나, 제품이 시장 내 적절한 지위를 확보한 경우에 적합합니다.

● 대안3. 다른 원가 절감 요소를 찾기

인상되는 제품의 원가만큼 제품의 스펙이나 포장 등을 하향 조정해 원료 인상의 임팩트를 상쇄하는 방법입니다. 기존에 사용하고 있던 사과 원료의 함량을 낮추는 것, 제품의 전체 용량을 축소하는 것, 다른 원부자재를 활용하는 것 등의 대안을 떠올릴 수 있지요. 유통사 및 소비자와의 적절한 커뮤니케이션을 통해 그 과정에서 발생하는 제품의 품질 및 판매량 변화는 물론, 브랜드와 시장에서의 지위에 끼치는 영향도 고려해야 합니다.

● 대안4. 인상되는 원료 교체하기

원가가 인상되는 원재료를 원가 부담이 적은 원산지나 원료 회사에서 관리하는 원재료로 대체하는 방법입니다. 이 방법 역시 원료

모든 마케터는 사업가다

를 변경하면서 발생할 판매량 변화와 재고 관리, 부가적인 비용을 고려해야 합니다. 그뿐만 아니라 이 대안에는 품질 유지라는 중요한 전제 조건이 따릅니다. 만약 제품의 핵심 컨셉이 '스위스산' 원산지인 경우라면 원산지 변경은 불가능하겠지요.

● 대안5. 운영 SKU 효율화하기

보다 높은 수준의 대안으로 SKU(재고 관리 코드)를 효율화하는 방법이 있습니다. 자사에서 운영하는 제품의 SKU별 수익성을 계산해 수익성이 높은 고마진 제품과 그렇지 않은 저마진 제품을 나누어 수익성이 낮은 제품들의 운영을 중단합니다. 이 방법으로 수익성을 개선할 때는 판매를 중단할 제품들이 가져오는 판매실기(販賣失機, 판매 기회를 놓쳐서 발생하는 매출, 비용, 브랜드의 손실)나 유통사 커뮤니케이션도 고려해야 합니다.

● 대안6. 운영 채널 효율화하기

SKU 효율화와 같은 방향의 접근법으로, 제품이 아닌 유통 채널별 및 거래처별 수익성을 계산한 뒤 수익성이 낮은 거래처에서의 판매 활동을 중단하는 방법입니다. 마찬가지로 거래를 중단하는 유통사를 통해 발생하던 판매실기, 해당 유통사와의 관계 등의 요소를 반드시 고려해야 합니다.

● 대안7. 운영 중단하기

앞서 모색한 방안을 모두 적용할 수 없다면 최후의 수단은 '운영 중단'입니다. 원가 인상이 수익성에 큰 영향을 끼쳐 사업 운영에 너무나 치명적인 리스크가 발생할 듯하다면 '제품 운영을 중단', 즉 제품을 단종시키는 방법을 택하는 것입니다. 여기에 그치지 않고 여러 관점에서 사업과 브랜드의 성과를 따져보았을 때 시장 내 지위나 운영 실적이 개선되지 않는다면 사업 운영을 중단하는 방법도 있습니다. 극단적인 방법인 만큼 중단되는 사업이나 제품에서 발생하는 회사의 손익 변화와 물적, 인적 자원 관리를 고려해 결정을 내려야 합니다.

비즈니스 의사 결정 상황에서 무엇이 가장 중요한지 감이 오나요? 바로 정확한 수치 변화를 계산하고 예측하며, 다각도의 가능성을 시뮬레이션해 보는 것입니다. 사업과 마케팅은 예술의 영역이 아닙니다. '경영(비즈니스)'의 영역이기 때문에, 적절한 의사 결정을 위해 반드시 객관적이고 정량적인 '지표'가 필요합니다.

작게는 몇만 원부터 많게는 수조 원에 들 수도 있는 의사 결정을 과연 감이나 느낌, 이미지만 가지고 할 수 있을까요? 원가 인상으로 인한 손익 변화가 몇 원이나 되는지, 가격 인상으로 감소하는 판매량이 몇 %인지, 제품이나 채널 운영을 중단하며 발생하는 매출액과 수익 금액의 변화는 얼마인지를 나타내는 지표가 없다면 경영을 위한 결정을 내리기가 불가능합니다. 기업을 경영하거나 사업을 하다 보면 내외부의 다양한 밸류체인에서 수많은 변수가 끊임없이 발생합니다. 많은 브랜드 매니저가 "왜 우리 브랜드는 하루가 멀다 하고 사고가 나나요?"라고 하소연할 정도로요. 우리는 예측 불가한 상황에 맞춰 이슈에 대응할 전략과 전술을 계속해서 만들어내야 합니다. 위의 예시 같은 원가 인상 이슈 외에도 경쟁사의 신제품 출시, 자사 생산 설비에서의 문제 발생, 물류업체의 파업, 유통사와의 관계 악화, 제품 출시 일정 지연, 품질 사고로 인한 클레임 발생, 기상 악화에 따른 배송 문제 등 생각만 해도 머리 아픈 상황들이 시시각각 발생합니다.

이런 상황에서 마케터는 유관 부서 및 경영진들과 최적의 의사 결정을 하기 위해 정확한 분석과 예측을 기반으로 전략 방향을 제안해야 합니다. 그리고 이때의 타당성 검토 기준은 반드시 정량적인 수치인 손익 관리를 기반으로 한 의사 결정이어야 합니다. 가령 상사의 의사 결정이 필요한 보고를 하는 과정에서, "우리 팀장님과 이사님은 의사 결정을 잘 못 해줘!"라고 불평을 하는 경우를 상상해 봅시다. 그렇다면 불평을 토로하기 전에, 정확한 의사 결정을 하기 위한 방향과 그에 따른 수치가 논리적이고 적절하게 전달되었는지 다시 한번 점검해 볼 필요가 있는 것이죠.

이 책을 읽는 분들이 손익의 기본적인 개념을 어느 정도 알고 있는지 자가 점검해 볼 수 있도록 마케팅 손익 관리 레벨 테스트를 준비했습니다. 아래 열 개의 문항을 읽고 '네'라고 생각하는 항목을 체크해 보시기 바랍니다. 이때 '이해한다', '알고 있다'는 누군가에게 개념을 정확히 설명할 수 있는 수준을 의미합니다.

| 마케팅 손익 관리 레벨 테스트 |

① 지표 분석(Index Analysis) 관련 업무를 수행해 본 경험이 있다.

② 재무회계와 관리회계를 구분할 수 있다.

③ 손익계산서의 정의와 구조에 대해 이해하고 있다.

④ 매출이익과 영업이익을 구분할 수 있다.

⑤ BEP(손익분기점)의 개념을 이해하고 있다.

⑥ 매출을 올리기 위한 다양한 유통·소비자 프로모션을 알고 있다.

⑦ 거래처와의 거래 관계에서 마진율을 계산할 수 있다.

⑧ 원가의 개념과 요소, 종류에 대해 이해하고 있다.

⑨ 공헌 이익의 개념을 알고 있다.

⑩ 고정비와 변동비를 구분해 이해하고 있다.

여러분은 과연 몇 개의 항목에 '네'라고 대답할 수 있었나요? 여러 마케팅 직무에서 일하고 있는 다양한 연차의 마케터 수백 명을 대상으로 질문했을 때, 평균적으로 이 중 3.5개에 '네'라고 응답했습니다. 일반적으로 신입이나 사원급은 세 개 미만, 과장급이 되면 네다섯 개 수준이었으며, 경영진 정도의 레벨이 되어야 비로소 일

모든 마케터는 사업가다

곱 개 이상이라고 답했습니다. 브랜드 매니저(BM), 프로덕트 매니저(PM) 직무를 수행하고 있는 경우에도 크게 다르지 않았지요.

마케터에게 손익 관리는 중요한 역량입니다. 매출액, 판매량, 원가와 비용, 영업이익과 같은 손익 관리의 개념 없이는 어떠한 경영적 의사 결정도 내릴 수 없습니다.

마케터는 매일매일 다양한 사업적 의사 결정의 순간들을 끊임없이 마주합니다. 신제품을 몇 종류 출시할 것인지, 광고비는 얼마나 더 증액할 것인지, 가격 할인은 추가로 얼마나 더 할 것인지, 어떤 브랜드와 컬래버 활동을 하는 것이 좋은지 등 사업의 생존과 연결되는 의사 결정에 직간접적으로 참여할 수밖에 없습니다. 직급이 높고 낮음을 떠나, 직무의 범위가 넓고 좁음을 떠나, 이런 마케팅의 의사 결정에는 반드시 투입되는 인풋(비용·원가·시간·자원 등)과 창출되는 아웃풋(매출액·판매량·인지도·점유율 등)이 있어야 '선택의 당위성'이 만들어집니다. 단순히 예쁘다고, 홍보가 될 거라고 잘 팔릴 것이라고, 노출이 될 것이라는 정성적인 표현만으로는 합리적 의사 결정에 도움이 되지 못합니다. 신제품을 출시한다면 언제, 어느 정도를, 얼마의 비용을 투입하여, 어떤 기간에 얼마의 매출액과 이익을 가져올 수 있는지 정량적으로 예측할 수 있어야 향후에 발생한 결과를 '잘했다' 혹은 '잘못했다'라고 명확히 판단할 수 있습니다. 이러한 정량적 수치는 대부분 사업과 브랜드의 손익에 연결되는 지표들입니다. 그래서 이 책에서는 마케팅에서 가장 중요하며 연관이 깊은 회계와 손익 관리 개념을 중점적으로 다뤄보려고 합니다.

03

중요한 것은 '예산'이 아닌 '손익'이다

이 대리는 출시한 지 2년 된 스위스산 사과주스를 판매하는 회사 대박식품의 4년 차 브랜드 매니저입니다. 그가 담당하는 사과주스는 출시부터 지금까지 꾸준히 매출이 성장했습니다. 이 여세를 몰아 제품 판매량을 더 올리기 위해 3개월 전 광고대행사를 고용하여 디지털 광고와 프로모션을 진행했습니다. 재계약을 검토하기 위해 이 대리는 광고대행사의 김 과장과 광고 성과 보고 미팅을 잡았습니다.

"대박식품의 ROAS(광고수익률)가 계속해서 상승하고 있어 매우 좋은 상황입니다. ROAS가 300%까지 상승했고, 광고의 노출수와 도달 수도 지속적으로 높은 성과를 내고 있습니다. 광고에 대한 소비자 반응도 대체적으로 양호하고 광고 예산의 효율성 지표도 좋은 상황이네요. 광고비 예산을 지금보다 2배만 늘리면 요즘 떠오르는 매체를 포함해서 더 다양한 매체에 광고 효율을 테스트할 수 있고, 성과도 더 좋게 나올 것입니다."

이 대리는 광고대행사와의 미팅에 기분이 좋아졌습니다. 광고 성과가 이렇게 좋다고 하니, 평소에 엄격하기로 소문난 박 본부장에게 받을 칭찬이 기대가 되었기 때문입니다. 그래서 이 대리는 월말회의에서 더 높은 광고 성과를 내기 위해 광고대행사와의 계약을 연장하고 기존 대비 광고 예산을 2배로 증액할 것을 제안했습니다. 하지만 보고를 들은 박 본부장은 크게 호통을 칩니다. 광고비 대비 ROAS가 좋은데 본부장의 반응은 왜 좋지 않은 걸까요?

"이 대리, 지금 ROAS가 300% 나온 게 중요한 상황이 아니잖아. 우리 사과주스의 3개월 평균 매출액이 3억 원이고 영업이익이 -1억 원이어서 영업이익률이 -30%가 넘는 상황인데, 광고 예산을 늘리자는 게 좋은 제안이 맞아?"

박 본부장은 계속해서 호통을 이어갔습니다.

"마케터라면 광고비와 광고 효과로 인한 매출액 두 가지 지표만 보고 의사 결정을 하면 안 되지. 자사 제품의 가격대나 판매량 변화는 어떤지, 원가 대비 매출이익은 적절히 나오는지, 물류비나 판촉비나 다른 판매관리비들은 어떤지, 그래서 제품의 수익성은 어떻게 되는지를 다 따져봐야지. 그렇게 예산 투입에 대한 시뮬레이션을 충분히 해보고 결정을 내려야 하는 거 아니야?"

모든 마케터는 사업가다

이 대리는 충격을 받았습니다. 오랜만에 칭찬을 받을 거라 기대하고 본부장에게 보고를 했는데, 칭찬은커녕 호된 질책만 받았으니까요. 이 대리가 잘못 판단한 이유는 무엇 때문일까요? 마케터가 담당하는 업무는 각각의 업무끼리 타 부서 및 회사의 전체적인 구조와 유기적으로 연결되어 있습니다. 설령 디지털 광고가 이 대리의 주요한 업무 중 하나라고 할지라도, 단순히 광고 활동 하나만 가지고 단편적으로 생각하는 순간 이 대리처럼 미흡한 결정을 내리게 되죠.

마케터가 회사의 실적을 위해 제품을 만들어 판매하는 과정에서 고려해야 할 비용은 광고비 말고도 너무나 많습니다. 제품의 판매 가격부터 유통사의 마진율과 수수료, 제품을 판매하기 위해 만드는 제조원가, 택배비와 같은 물류비용, 판매촉진을 위해 필요한 판촉비와 장려금, 그리고 회사를 운영하는 데 들어가는 기본적인 일반 관리비까지. 이런 다양한 비용 구조들이 결합되어 제품의 수익성을 결정합니다. 그리고 그를 토대로 전체적인 수익구조를 계산해서 사업을 운영하게 되는 것이죠.

마찬가지로 유명한 명품 브랜드의 '크리에이티브 디렉터(CD)'가 뛰어난 브랜드와 제품을 만들어낸 경우 사람들은 비주얼적인 역량이 해당 직업이 갖춰야 할 자질의 전부라고 생각합니다. 하지만 실상은 그렇지 않습니다. 그들은 비즈니스를 하는 사람들입니다. 시장 계산 없이 감각으로만 결정하지 않습니다. 마케터도 마찬가지입니다. 저도 간혹 후배들을 만나면 "예산 베이스로 일하지 말고 손익 베이스로 일하라"며 한 소리 거들 때가 있습니다. 콘텐츠 제작이나 댓글 수, 광고수익률인 ROAS와 같은 과정 지표 개선에만 집중하는 기술자가 아니라 기획자가 되었으면 하는 마음에서 그렇게 말하게 되는 것입니다. 영업성과 지표를 볼 수 있는 마케터과 볼 수 없는 마케터는 역량의 차이가 큽니다. 우리 부서에 주어진 마케팅 예산이 10억 원이라고 했을 때, '나는 이 10억 원을 어떤 활동과 매체로 나누어 사용할 것인가'가 아니라 그 이상의 높은 수준으로 고민해 보았으면 합니다.

회사의 입장에서 마케팅 예산 10억 원은 광고와 홍보에 국한되지 않습니다. 제조 설비에 투자하든, R&D 인력에 투자하든, 신제품을 개발하든, 영업 비용으로 활용하든 똑같은 10억 원이기 때문입니다. 마케팅 예산 10억 원을 활용해 100억 원의 매출을 낸다고 가정했을 때, '마케팅 예산을 올려 30억 원을 투자하면 200억 원 이상의 매출을 낼 수 있을지', 혹은 '마케팅 예산을 지금보다 3억 원 줄여도 같은 매출 성과가 나올지', '마케팅 예산의 일부를 패키지나 디자인에 활용한다면 더 좋은 성과가 나오지 않을지'와 같은 사업적 시각이야말로 손익을 기반으로 결정을 내리는 행위입니다.

ROAS 개념 역시 마찬가지입니다. 디지털이 광고 매체의 메인으로 떠오르게 된 이후, 어느 순간부터 광고 성과를 판단하는 절대적인 지표로 이 ROAS가 활용되고 있습니다. ROAS는 광고비 대비

모든 마케터는 사업가다

매출액을 뜻하는 광고 용어입니다. 쉽게 설명해서 10억 원의 광고비를 투자해 30억 원의 매출액을 발생시켰다면 ROAS는 300%라고 계산합니다. 그리고 일반적으로 ROAS의 성과가 300%라면 좋은 성과라고 평가합니다. 하지만 여기서 간과한 치명적인 부분이 있습니다. 매출과 판매, 구매가 일어난 모든 원인과 계기가 정말로 100% '광고'였다고 확신할 수 있을까요? 소비자는 브랜드, 가격, 주변의 평판, 제품 디자인, 상세 페이지의 문구 등 다양한 요인으로부터 복합적인 영향을 받아 제품을 구입하기 때문에, 정확하게 어떤 요인으로 구매했는지는 알 수 없습니다. 소비자 조사 역시, 소비자들은 보통 과거 본인의 행동과 기억에 의존해 응답합니다. 정말로 광고 소재와 매체로 인해 매출이 달성된 것인지는 명확하게 알수가 없기 때문에, ROAS가 높다고 기업의 사업 성과가 좋다고 하긴 어렵다는 의미입니다.

같은 조건으로 구체적인 상황을 살펴보겠습니다. 10억 원의 광고비를 투자해 매출액 30억 원을 일으켜 ROAS가 300%인 상황입니다. 매출액 30억 원 중에서 제품의 원가가 20억 원이고, 광고비를 제외한 물류비·인건비·수수료·일반 관리비 등의 판매관리비가 10억 원이라고 가정했을 때, 30억 원에서 원가 20억 원, 판매관리비 10억 원, 그리고 광고비 10억 원을 제외하면 이 제품의 영업이익은 10억 원의 손실이 나옵니다. 제품의 연간 매출액이 30억 원인데, 영업이익이 −10억 원(영업이익률 -33%)이 나오는 제품과 사업을 과연 좋다고 할 수 있을까요? ROAS만을 기준으로 한다면 300%라는 좋은 성과를 기록했다고 말할 수 있으나, 제품의 손익은 전혀 그렇지 않습니다. 이는 제품의 손익 구조를 정확하게 파악하지 못한 상태에서 광고 예산과 수익성을 관리한, 전형적인 오답 케이스지요.

마케터는 사업을 관리하는 역할을 맡습니다. 그렇기에 수없이 발생하는 내외부의 이슈 속에서 기업의 '수익성'을 창출하고, 기업의 '영속성'을 위해 의사 결정의 기준과 논거를 만들어가야 하죠. 마케터가 다양한 마케팅 의사 결정 상황에서 단순히 ROAS와 같은 특정 지표만을 보지 말고, 넓은 관점에서 회사의 '손익'이라는 결과 지표를 보아야 하는 이유입니다. 마케터의 필수 역량인 손익 관리의 목적은 크게 세 가지로 나눠볼 수 있습니다.

● 첫 번째, 나침반의 역할

손익 관리는 최선의 마케팅 의사 결정(Decision Making)을 하기 위한 수단입니다. 제품의 원가가 인상된다고 했을 때 가격을 인상할 것인지, 비용을 줄여서 손익 부담을 덜 것인지, 아니면 기존의 판매가와 관리 기준을 유지할 것인지, 나침반의 바늘처럼 방향을 잡고 이끄는 역할을 합니다.

모든 마케터는 사업가다

● 두 번째, 각도기의 역할

나침반으로 나아갈 방향을 정하려면 그로 인해 발생하는 변화를 사전에 검토해 봐야겠지요. 손익 관리는 현재 발생한 이슈에 대한 수익성 지표 변화의 크기를 예측하고, 다양한 의사 결정 방향에 따른 가설을 검증해, 이로 초래되는 결과를 가늠하는 역할을 합니다. 원가 인상에 따른 손익 차질액이 연간 10억 원 수준으로 예상되고 가격 인상이 5%라고 했을 때, 판매량 변화는 -3%로 하락한다는 가설을 세우고 그에 따른 수익성 변화를 예측해 보며 정확한 의사 결정의 기준을 잡는 것입니다.

● 세 번째, 계기판의 역할

현재 우리 사업과 브랜드, 제품이 처한 상황을 진단하고, 개선해야 할 이슈를 발견해 이를 진행할 시발점이 되어줍니다. 마케터들이 받는 업무 이메일을 살펴보면, 아마도 대부분이 매출액이나 비용, 판매량, 재고량, 원가율과 같은 수치적이고 정량적인 '숫자'의 이슈로 인한 내용일 것입니다. 결국 사업은 기업의 수익성을 표현하는 정량적 손익 지표를 기준으로 평가와 예측을 계속하는 행위이기 때문에, 마케팅에서는 무엇보다 정확한 '숫자'를 알아야 합니다.

04

어디에 힘을 쏟고
어디에서 힘을 빼야 하는가

스위스산 사과주스 제품을 판매하는 대박식품의 이 대리는 지난해에 담당하는 제품의 카테고리가 늘어났습니다. 회사의 초기 제품이었던 주스에서 젤리, 디저트와 캔디까지 확장하며 지속적으로 성장했기 때문입니다. 드디어 올해는 아래에 신입사원도 한 명 충원되어 어엿한 선배가 되었습니다. 이 대리는 2025년 연말에 한 해 동안 운영한 제품별 성과를 분석하고 내년도 전략 방향을 수립하는 사업계획 보고를 준비하고 있습니다. 이참에 신입사원에게 훌륭한 선배의 실력을 한껏 보여주고 싶어 열심히 자료를 작성합니다.

"이 대리, 올해 담당했던 제품 카테고리별로 실적을 비교 분석하고 내년에 집중해야 할 카테고리를 선정해 줘. 회사의 전사 재무상황이 좋지 않아서 내년에 집중해야 할 제품군을 잘 선택하라는 경영 지침이 내려왔으니 객관적으로 지표 분석도 잘 해주고."

이 대리는 엄격한 김 본부장의 지시에 따라 전년과 올해 실적을 정리하여 카테고리별 신장률을 구해보기로 합니다. 효과적인 보고를 위해 카테고리별 매출액과 신장률 지표를 아래와 같이 만들었습니다.

대박식품의 전년 대비 매출액 변화 (단위: 억 원)

카테고리	2024년	2025년	신장률
젤리	120	145	21%
주스	20	16	-20%
디저트	10	20	100%
캔디	1	5	400%
합계	151	186	23%

이 대리는 지표를 열심히 분석합니다.

'전년 대비 신장률을 구하는 공식은 2025년 실적÷2024년 실적×100-100를 하면 되고 어디 보자. 지난 연도와 비교하니 신장률 (%)이 가장 높은 제품은 캔디랑 디저트구나? 우와, 캔디는 자그마치 400%나 성장했잖아! 디저트도 100%로 두 배나 성장했네. 젤리는 1년 동안 열심히 했는데 금액만 크지 21%밖에 늘지 않았네.

가만 보니 전체 신장률이 전년 대비 23%인데, 젤리는 평균보다도 2% 낮다고? 게다가 주스는 20%나 역신장을 했네. 젤리와 주스에는 집중하지 않는 게 좋겠다.'

드디어 김 본부장에게 1차 사업계획 보고를 하는 날, 이 대리는 후배 앞에서 자신 있게 발표를 시작합니다.

"25년도 연간 매출실적을 분석해 보았을 때, 전년 대비 신장률(%)이 가장 높은 카테고리는 캔디(+400%)와 디저트(+100%)입니다. 내년도 저희 본부 사업 예산 중 70%는 가장 고성장을 거둔 캔디에 집중하고, 남은 예산 30%는 두 번째로 신장률이 높은 디저트에 투입해 육성해야 합니다. 캔디와 디저트 카테고리를 본격적으로 육성하기 위해, 해당 카테고리의 신제품 개발과 광고 프로모션을 집중하는 방안으로 자료를 준비해 보았습니다."

그런데 김 본부장의 반응은 싸늘합니다.

"이 대리는 우리 브랜드가 주력으로 육성해야 할 카테고리를 잘못 짚은 거 아니야?"

이 대리는 김 본부장의 반응에 당황해 말문이 막혔습니다. 이어서 숫자에 능통하다고 소문난 김 본부장이 이 대리가 놓친 부분을 정확히 짚어줍니다.

"이 대리, 젤리 카테고리의 올해 매출액이 전년도 대비 25억 원이나 늘어났는데, 겨우 4억 원 늘어난 캔디가 가장 중요한 사업이라고 생각하나? 우리 브랜드 전체 성장액이 전년 대비 35억 원이고 그중 25억 원이 젤리에서 나왔는데, 지표 분석을 정확하게 해야지. 이 대리는 80/20 법칙이나 파레토의 법칙도 못 들어봤나? 우리 브랜드 전체 매출의 80%가 젤리 카테고리에서 발생하는데, 전체의 5%도 되지 않는 캔디가 정말 회사에서 가장 중요한 카테고리라고 할 수 있나?"

왜 같은 지표를 두고 이 대리와 김 본부장의 지표 분석 결과가 다를까요?

지표 분석에서는 단순히 비율(%)이 높은 부문이 중요한 것이 아닙니다. 기업의 성과에 미치는 전체적인 영향(impact)에 미치는 비중을 함께 보아야 하지요. 이 대리는 각 카테고리의 전년과 올해의 단편적인 성장율(%)이 아닌 한 해 동안 이룬 전체 카테고리의 성과와 각 성과의 구성비를 보아야 했고, 전체 실적에 영향력이 가장 큰 젤리에 먼저 집중했어야 하는 것입니다.

그렇다면 손익이란 무엇일까요? 경영과 마케팅에서 손익은 어떤 개념을 가지고 있을까요? 손익(損益, Profit and Loss)이란 단어의 한자를 해석해 보자면, 손해와 이익을 아우르고 있습니다. 회계학적으로는 경영 활동이 순환하는 과정에서 기업 자본이 새로운 가치를 만들어내거나 잃으며 발생하는 이익과 손실을 뜻하죠. 경영 관점에서 손익은 결산할 때 회사의 손익을 모두 계산하여 나온 순재산의 증감액입니다. 실무에 빗대면, 기업이 제품과 서비스를 판매

카테고리	2024년	2025년	신장률
젤리	120	145	21%
주스	20	16	-20%
디저트	10	20	100%
캔디	1	5	400%
합계	151	186	23%

카테고리	신장액	2024년 구성비	2025년 구성비
젤리	25	79%	78%
주스	-4	13%	9%
디저트	10	7%	11%
캔디	4	1%	3%
합계	35	100%	100%

하며 발생한 매출액에서 각종 원가와 비용들을 제외하고 얼마의 이익이 남았는지 정량적인 지표로 산출하는 것입니다. 결국 손익이란 기업이 사업을 하며 '얼마를 팔아서 얼마를 남겼나?'를 측정하는 지표입니다.

여기서 정확하게 알고 가야 할 개념이 바로 '지표'입니다. 지표(指標, Index, Indicator)의 사전적인 개념은 '방향이나 목적, 기준 따위를 나타내는 표지'입니다. 일반적으로는 '상태를 알려주는 정량적인 수치'의 의미로 사용되지요. 직무 또는 업무에서도 '지표'의 의미를 다르게 표현하지만 같은 의미로 활용하고 있습니다. 경영과 마케팅 영역에서는 '지표 관리', '지표 분석', '지표 해석' 등으로 부릅니다. 해당 직무와 업무는 의사 결정 혹은 전략의 기초를 수립하기 위해 흔히 지표 분석을 활용합니다.

하지만 전략의 단초가 되는 데이터임에도 불구하고, 많은 실무자가 지표를 어떻게 해석하고 분석해야 하는지 정확하게 모르고 있습니다. 지표의 본질은 '기준점'을 잡는 것입니다. 그래서 저는 지표를 '기준점을 가지고 고저차를 정량적으로 수치화한 것'이라고 정의합니다. 경영에서 중요한 건 단순히 숫자를 늘어놓는 행위가 아닙니다. 각각의 수치가 지닌 의미를 파악하는 것이 중요하지요.

각 수치가 지닌 의미 파악이 중요한 이유를 광동제약에서 유통 및 판매하는 두 브랜드의 사례에서 살펴볼까요? 광동제약의 효자 상품인 비타500과 제주개발공사로부터 국내 유통을 맡아서 운영하는 삼다수의 지표를 비교해 보겠습니다.

비타500과 삼다수의 2024년 연간 매출액이 2000억 원이라고 했을 때, 과연 어떤 브랜드가 더 좋은 지표를 바탕으로 성과를 냈다고 할 수 있을까요?

정답은 '알 수 없다'입니다. 왜 그럴까요? 우리에게는 2000억 원이라는 수치가 많은 것인지 적은 것인지, 혹은 좋은 것인지 아닌지 그 의미를 평가하고 판단할 기준이 없기 때문입니다. 그런데 '2023년 매출액'이라는 기준점이 생기면 어떨까요? 광동제약의 2023년 매출액 중 비타500이 약 1100억 원, 삼다수가 약 3000억 원을 차지한다고 해봅시다. 이제는 비타500의 매출액이 전년 대비 약 81% 성장했고, 삼다수는 약 33% 역성장했다는 분명한 성과가 보입니다. 이를 바탕으로 비타500은 시장 내 큰 성과를 냈으며, 삼다수는 판매 감소에 대한 대안을 긴급하게 마련해야 할 상황이라는 분석을 할 수 있게 되죠.

지표 분석에서는 얼마만큼의 차이가 있는지 수치화하는 것이 중요합니다. 그렇기 때문에 반드시 판단의 '기준점'이 있어야 합니다. 일반적으로 기업에서는 연간 사업 목표를 수립하는 '경영 계획', 전년·월·분기·일일 등의 '전기 실적', 업계 및 목표 시장의 평균 '시장 성장률', 직접 시장 내에서 경쟁하는 플레이어들의 '경쟁사 실적' 등과 같은 기준점을 세워야 합니다. 이러한 '기준점'을 가지고 '좋은 성과인지 나쁜 성과인지', 성과가 '얼마만큼' 나왔으며 '왜' 그러한 성과가 나왔는지 비교하고, 향후 '어떻게' 할 것인지를 계획하고 관리하는 것이 바로 지표 분석입니다.

결국 비즈니스 관점에서 마케팅 손익이 갖는 의미는 무엇일까요? 기업 경영을 위한 인풋과 아웃풋을 기반으로, 이익과 손실 금액을 지표화하는 것입니다. 그리고 기준점 대비 차이를 분석 및 예측하여, 마케팅적 의사 결정을 위한 명분으로 활용하는 것입니다.

비즈니스 관점에서 지표 분석의 의미를 알아보았으니, 이번에는 마케터의 관점에서 살펴봐야겠죠. 마케터가 지표 분석을 어떤 순서로 해야 하는지, 핵심 요소는 무엇인지 알아보겠습니다.

● 1단계. 분석할 지표와 기준점 정의하기

분석하고자 하는 내용을 매출액, 비용, 반품률, 만족도처럼 정량적으로 파악할 수 있는 지표로 규정합니다. 이때 반드시 어떤 기준으로 비교해 분석할지 '기준점'을 함께 정해야 합니다. 예를 들어 2025년 3월 당월의 자사 브랜드의 제품별 매출액과 영업이익을 '경영 계획 및 전년 동월을 기준으로' 분석하는 식입니다.

● 2단계. 기준점 대비 성과 판단하기

두 번째는 앞서 잡은 기준점 대비 높고 좋은 성과인지, 낮고 부진한 성과인지를 결정하는 것입니다. 이에 따라 분석하고자 하는 내용이 좋은 성과에 대한 성과 요인인지, 부진한 내용에 대한 원인 분석인지를 결정해 분석의 방향을 잡아야 하지요. 예를 들어 2025년 3월 자사 브랜드의 당월 매출이 사업 목표에 미달했고 전년 동기간에 대비해서도 역신장했기 때문에, 부진한 성과에 대한 제품별 원인 파악과 대책이 필요하다는 식의 분석 방향을 설정하는 것이죠. 이 중 A 브랜드가 사업목표 대비 좋은 성과를 낸 영향보다, B 브랜드의 사업 목표 대비 부진한 영향이 더 큰 경우, B 브랜드에 더 집중하여 부진한 원인을 파악하고 대책을 세워야 한다는 분석 방향을 결정합니다.

● 3단계. 기준점 대비 차이 도출하기

기준점으로부터 생긴 수치의 차이가 사업에서 얼마나 중요한 의미를 가지는지 알아봐야 합니다. 이 단계에서는 기준점 대비 성과의 차이를 정량적인 수치와 비율(%) 등으로 비교하고 계산해 수치화한 데이터를 도출합니다. 수치화할 때는 분석자의 의도나 생각을 반영하는 것이 아니라, 정확하고 객관적인 수치를 작성해야 합니다. 예를 들어 2025년 3월 당월 자사 B 브랜드의 매출액은 사업 목표였던 100억 원 대비 91% 수준인 91억 원(계획비 -9억 원)을 달성했고, 전년 동월 실적 95억 원 대비로도 4%의 역성장(전년 대비 -4억 원)을 기록했다는 객관적인 성과를 낼 수 있다면, 이 수치로 하여금 부진 성과에 대한 어떤 수준의 대책이 필요한지 결과 도출이 가능합니다.

● 4단계. 성과 원인 파악하기

이러한 결과가 나오게 된 구성 요소들을 분리해 실적에 영향을 미

모든 마케터는 사업가다

친 요소들을 중심으로 원인을 파악하는 단계입니다. 브랜드별·제품별·채널별·조직별·기간별 등의 분석 요소들을 활용해 유의미한 내용을 도출할 수 있는 원인을 찾아봅니다. 조직의 규모가 크고 분업화가 된 경우 해당 부서와 협의해 함께 원인을 찾고 대책을 마련하기도 합니다. 앞의 예시에서 2025년 3월 B 브랜드는 사업 목표 대비 매출 9억 원의 차질액이 발생했습니다. 여러 요소로 원인을 추적해 보니 품질 이슈가 발생한 '가' 제품의 운영을 중단하며 발생한 손실 4억 원과 '나' 제품을 판매하던 할인점에서 철수하며 생긴 손실 3억 원, 신제품 '다'의 출시 지연에 따른 손실 1억 원 등을 찾을 수 있었습니다.

● 5단계. 대안을 수립하고 계획하기

결과와 원인을 파악했다면, 원인 요소와 전체 사업 실적을 개선할 수 있는 방법을 찾아야겠죠. 이때는 계획과 실적 사이의 차이만큼을 혹은 그중 일부를 보완할 수 있는 수준을 제시해야 합니다. 이 방법들은 현실적으로 달성 가능해야 하므로 협력 부서와 논의하고, 정량적인 수치로 목표를 세워야 합니다. 그리고 이 목표는 어느 정도 수준으로 개선할 것인지가 명확히 보여야 합니다. 예를 들어 B 브랜드의 3월 매출 차질액 9억 원 중 '나' 제품을 컬리, SSG, 코스트코 입점 및 프로모션을 진행해 3억 원을 달성하고, 4월 초 신제품 '다'를 출시해 1억 원을, 9월 출시 예정인 신제품 '라'를 조기 출시해

1억 원의 매출을 만들어 총 5억 원을 보완하는(Make-up) 계획을 수립하는 식입니다.

지표는 위의 5단계를 거친 분석 과정이 논리적으로 연결되고, 그것이 상대방에게 정확하게 전달되어 경영 활동되어야 진정한 의미가 생깁니다. 이러한 유의미한 지표 분석을 위해서는 꼭 지켜야 하는 핵심 요소가 있습니다. 그 네 가지 요소를 살펴보겠습니다.

● 핵심 요소 1. 통일된 정확한 기준점

반복해서 얘기하지만 핵심은 '기준점'입니다. 성과를 측정하기 위해서는 사업 목표와 실적 사이의 차이를 찾아내고 분석할 비교 대상이 필요하기 때문입니다. 따라서 현 경영 상황과 활동 목적에 따라 정확한 기준점과 분석 대상을 잡는 것이 가장 중요합니다. 특히 비교할 변수들은 반드시 같은 기준 내에서 도출되어야 합니다.

예를 들어, A 제품과 B 제품의 연도별 판매 실적을 비교 분석해 내년도 제품 육성의 전략적 우선순위를 판단하는 상황이 있습니다. 1월에 출시한 A 제품의 연매출은 100억 원, 5월에 B 제품은 80억 원이라고 했을 때, 두 제품의 연 누적 매출액을 12월 기준으로만 보면 안 됩니다. 각 제품의 판매 기간이 A 제품은 12개월, B 제품은 8개월이므로 동일한 기준이 아니기 때문입니다. 그렇다면 어떤 방법으로 기준점을 통일해야 할까요? 예시로 B 제품의 1월부터

4월까지의 매출액을 예상해 실제 실적인 80억 원에 더해서 A 제품과 동일하게 운영 기간을 12개월로 맞추는 방법이 있습니다. 혹은 A 제품의 매출액을 B 제품의 운영 기간과 동일하게 5월부터 12개월로 산정해 동기간 기준으로 비교해서 정확한 인사이트를 찾아볼 수도 있습니다.

● 핵심 요소 2. 5W와 1H

기준점을 잡았다면 무엇을 분석할지를 정해야 합니다. 크게 제품(What), 판매 조직(Who), 판매 채널(Where), 판매 기간(When)의 네 가지 방법으로 분석할 요소를 정하고 유의미한 수치의 차이(Gap)을 찾아보는 것입니다. 그리고 그 차이가 조직 전체 성과에 얼마나(How) 많은 영향을 주었는지, 성과가 발생한 원인(Why) 요소까지 함께 분석합니다.

● 핵심 요소 3. 수치와 비율(%)

'펀딩 채널 판매 달성률 1,900%! 화제의 제품'과 같은 광고 문구를 종종 보았을 것입니다. 소비를 부추기는 자극적인 수치를 만들기 위해 실제 수치를 기입하지 않고 달성률이나 신장률, 변화율 같은 퍼센트로 표현하는 광고 유형입니다. 이처럼 광고하는 제품의 실제 판매액 수치를 보면 목표액을 10만 원으로 낮게 설정하고 190만 원이 모여 1,900%를 달성한 경우를 빈번하게 발견할 수 있습니다.

광고 문구의 영역에서는 퍼포먼스를 만들기 위해 임팩트 있는 수치로 표현해 소비자의 관심을 끌기도 하지만, 지표 분석은 다릅니다. 객관적이고 논리적인 실제 수치를 기반으로 해야 합니다. 분석자의 의도에 따라 정확한 금액을 숨기고 퍼센트로 표현하거나 퍼센트에 속아 정확한 수치가 갖는 영향력을 놓치면 안 됩니다.

제가 광동제약에서 근무할 때 비타500의 개당 제품 원가 1원을 개선하는 프로젝트를 한 적이 있습니다. 고작 1원을 줄이기 위한 프로젝트라니 의아하시죠? 1원이 개당 수치나 전체 원가에서 차지하는 비중은 매우 미미할 수 있습니다. 하지만 비타500의 3억 병이 넘는 연간 판매량을 고려하면 그 영향력은 상당히 큽니다. 마케터에게 중요한 것은 광고나 신문 기사, SNS 콘텐츠 등의 자극적인 문구처럼 피상적인 수치와 퍼센트를 만드는 것이 아닙니다. 우리가 해야 할 역할은 조직과 사업 성과에 미치는 영향력의 임팩트를 기준으로 지표를 분석해 내는 것입니다.

● 핵심 요소 4. 리포트는 현황-원인-대안 순으로

'보고(Report)'는 의사 결정자에게 정확한 정보를 전달하고, 이를 기반으로 한 경영 활동 또는 마케팅 활동에 대한 가이드와 의사 결정을 전달받는 것이 목적입니다. 그렇기 때문에 보고서에는 현황에 대한 상황 정보뿐만 아니라, 현황에 대한 원인과 이슈 해결 대안까지 포괄해야 합니다. 그래야 의사 결정자가 정확한 방향으로 결정

모든 마케터는 사업가다

을 내릴 수 있습니다.

그런데 많은 일반 사원급 실무자가 '현황 정보만' 나열합니다. 예를 들면 "팀장님, 큰일 났어요. 과일 원료의 원가가 다음 달부터 30% 인상된다고 해요. 어쩌죠?"라고 하는 것이죠. 이는 사실 '보고'라고 할 수 없습니다. 엄밀하게는 '공유'죠. 의사를 결정할 정확한 정보가 전달되지 않았기 때문입니다. 원인이 빠진 경우도 마찬가지입니다. "팀장님, A 제품의 과일 원료의 원가가 내년부터 30% 인상된다고 하는데, 저희도 가격을 인상하는 것은 어떨까요?"라고 말하는 상황이 그렇습니다. 여러 가지 선택지 가운데에서 정확한 대안을 제시한 것인지 파악할 수 있는 논리가 부족하죠. 따라서 지표 분석 보고는 현황을 설명하는 정량적 지표와 해당 이슈가 발생하게 된 내외부의 원인을 정확히 파악한 내용을 토대로 해야 합니다. 그리고 이를 해결하기 위한 실행 전략을 다양한 선택지로 제공해 결정(Select)할 수 있도록 해야 합니다. 앞의 상황에 모범 답안을 제시하자면 다음과 같습니다.

"팀장님, (현황) 브랜드 A와 제품에 사용되는 과일 원료의 원가가 내년부터 30% 인상된다고 합니다. 이에 따라 제품 EA당 미치는 영향은 약 30원이고 인상률은 +8% 수준입니다. 이로 인한 손익 차질 임팩트는 월 1억 5000만 원이며 연간 20억 원 정도로 추산됩니다. (원인) F과일 원료가 재배되는 지역의 기후 재해에 따른 수확량이 15% 감소하고, 동시에 국내 F과일의 수요가 증가한 것이 원인으로 판단됩니다.

 (대안) 이에 따른 대안을 세 가지 방향으로 유관 부서와 협의해 제
안드립니다. 1안은 제품의 가격을 10% 인상해서 원가 인상 및 판
매량 감소 예상량을 커버하는 방법, 2안은 제품의 함량을 5% 낮춰
서 기존 판매가를 유지하는 방향으로 연구소와 제품을 리뉴얼하는
방법, 3안은 판매 관리비 중 광고 홍보비 10억 원과 판매촉진비 5억
원을 절감해 손익차질액을 5억 원 이내로 커버하는 방법입니다. 시
장의 수요 증가와 원료의 장기적 공급 상황을 고려했을 때, 1안이
가장 현실적인 대안이라고 생각하고 있는데, 가격 인상에 따른 판
매량 감소를 소비자 조사를 통해 시뮬레이션해 보는 것도 좋을 듯
합니다."

　제가 만났던 많은 경영진이 "직원들이 실적 분석 내용을 보고할
때 무슨 말을 하려는 건지 모르겠습니다"라며 난색을 표합니다. 경
영 전략 방향은 수시로 발생하는 이슈 속에서 기업을 위한 의사 결
정을 하는 데 중요한 가이드가 되어줍니다. 그렇게 가이드는 정확
한 손익 관련 지표를 통해 올바른 방향으로 세워져야 하죠. 원인과
결과, 방향 제시가 없는 분석은 지표 분석으로서의 '의미'가 없습니
다. 경영진이 경영 전략 방향을 올바르게 결정하려면 지표 분석 보
고에 결론이 포함되어야 합니다. 잘못된 지표 분석으로 엉뚱한 전
략 방향이 도출되면 기존보다 좋지 않은 결과를 만들어낼 수도 있

　　　　　　　　모든 마케터는 사업가다

습니다.

경영 전략 방향에 따라 기업의 존폐가 결정됩니다. 이것이 손익 관리가 기업의 생존을 지키는 방패라고 한 이유입니다. 그러므로 우리 병사들의 목숨을 빼앗아 가는 전쟁터의 수많은 위험 속에서, 전투력을 잃지 않고 전쟁에서 승리를 거머쥐기 위해 '숫자와 더욱 친해지려는' 노력을 게을리하지 마시길 바랍니다. 탄탄한 논리로 무장한 손익지표 분석 능력은 단단한 방패가 되어줄 것입니다.

마케터의,
마케터에 의한,
마케터를 위한
손익계산서

01 마케터가 알아야 할 최소한의 회계 상식

1차 사업계획서 발표에서 크게 혼난 대박식품의 이 대리는 떨어진 위신을 세우기 위해, 박 본부장의 가이드에 따라 다시 한번 신중하게 전략 방향을 수립하고 있습니다.

'신장하는 비율만 중요한 것이 아니다, 회사에 미치는 영향과 신장액이 중요하다!'

'매출액 젤리의 매출 신장액이 25억 원이고, 디저트의 매출 신장액이 10억 원이니, 젤리와 디저트가 가장 크게 늘었네. 전체 매출의 구성비로 보더라도 젤리가 78%이고, 디저트가 11%니까 내년 운영 전략 방향은 젤리와 디저트에만 집중해도 큰 문제가 없겠다.'

그렇게 이 대리는 수정한 내용을 기반으로 박 본부장에게 2차 사업계획서를 발표합니다.

카테고리	2024년	2025년	신장률	신장액	2025년 구성비
젤리	120	145	21%	25	78%
주스	20	16	-20%	-4	9%
디저트	10	20	100%	10	11%
캔디	1	5	400%	4	3%
합계	151	186	23%	35	100%

대박식품의 전년 대비 매출액 변화 (단위: 억 원)

"조직 내 카테고리별 매출액 구성비와 신장액이 끼치는 영향을 보았을 때, 자사가 가장 집중해야 하는 카테고리는 젤리와 디저트로 판단됩니다. 특히 내년은 더욱 어려운 사업 환경 속에서 조직의 관리 효율을 높이기 위해, 전년 대비 4억 원의 매출 역신장을 보인 주스 카테고리의 운영은 중단하고(De-Marketing), 젤리와 디저트를 집중 육성하도록 하겠습니다."

갑자기 발표를 듣고 있던 김 본부장이 질문을 합니다.

"이 대리는 우리 회사 카테고리별 손익계산서는 보고 일하는 겁니까?"

이 대리가 또 무엇을 놓쳤을까요?

"이 대리, 지금 제정신이야? 자그마치 영업이익률이 25%나 되고 회사에서 가장 수익성이 높은 주스 사업을 철수하자는 게 맞아? 주

모든 마케터는 사업가다

스 카테고리는 올해 원가도 개선하고 가격 인상 효과까지 더해지면서 겨우 고수익 제품이 됐는데, 신제품을 출시하거나 채널을 확장해서 매출 볼륨을 더 높이는 게 회사의 수익성 측면에서 더 좋은 결정이지 않을까?"

박 본부장이 흥분을 가라앉히고 다시 마케팅에서 중요한 지표를 짚어줍니다.

"디저트 카테고리는 출시 후 2년 동안 영업이익 성장이 정체되어 있고, 영업이익률도 5%로 감소하지 않았나. 단순히 매출액 하나만 가지고 경영의 의사 결정을 하지 말고, 조직 성과에 기여하는 수익성까지 종합적으로 고려해서 설득력 있는 전략을 짜주었으면 해."

— **대박식품 2024년, 2025년 매출액과 영역이익 비교 (단위: 억 원)** —

카테고리	매출액		영업이익액		영업이익률	
	2024년	2025년	2024년	2025년	2024년	2025년
젤리	120	145	8	10	6.7%	6.9%
주스	20	16	2	4	10%	25%
디저트	10	20	1	1	10%	5%
캔디	1	5	0	-2	0%	-40%
합계	151	186	11	13	7.3%	7%

결국 2026년도 사업계획은 2025년도 매출과 영업이익에 근거하여 주스와 젤리 카테고리를 집중 육성하고, 디저트 사업은 전년과 동일하게 유지, 캔디는 수익성을 개선하는 효율성 중심의 운영을 하는 방향으로 결정되었습니다.

이 대리의 사례를 곱씹으며 손익 관리와 관련된 다양한 지표를 자세히 알아봅시다. 기업은 제품을 판매한 매출액에서 원가와 비용을 제외하고 나온 이익을 바탕으로 수익성 있는 성장을 하는 존재입니다. 이를 위해 기업의 필수적인 손익 관리 체계인 '회계'라는 개념을 사용하고 있습니다.

'좋은 제품을 잘 만들어서 잘 팔면 되지, 마케터가 회계를 꼭 알아야 하나?'라는 의문이 여전히 들지도 모르겠습니다. 하지만 회계는 사업과 마케팅에 늘 연결되어 있는 개념입니다. 회계팀이나 회계사만 관여하는 전문 영역의 일이 아닙니다. 매출액, 광고비, 원가율, 택배비, 영업이익 등과 같은 지표들이 모두 회계의 영역에 속합니다.

오랜 실무 경험으로 보았을 때, 마케터에게 필요한 회계 영역은 정해져 있다고 생각합니다. 이를 바탕으로 이번 장은 마케터가 꼭 알아야 하는 '마케팅 회계'에 초점을 맞추었습니다. 이 장은 마케팅 실무와 지표 관리를 할 때 필요한, 기본적이고 중요한 회계 개념을 익히는 것을 목표로 읽어주시면 좋겠습니다.

모든 마케터는 사업가다

그래도 '회계'의 기본적인 개념은 알아야겠죠. 회계(會計, Accountancy, Accounting)의 사전적인 정의는 '합리적인 경제적 의사 결정을 하는 데 유용한 재무적 정보를 제공하기 위한 일련의 과정 또는 체계'입니다. 한자를 봐도 '회(會, 모일 회)'와 '계(計, 셀 계)'의 조합으로 만들어진 회계는 '회사에서 일어나는 일을 숫자로 나타낸 것'을 의미합니다. 보통 회사의 '재무 상태'와 '손익'과 관련된 숫자 정보를 회계 정보라고 합니다. 경영적인 의미로 설명하자면 '경제 주체의 내외부 이해 관계자들이 합리적인 판단과 의사 결정을 할 수 있도록 경제적 정보를 식별 및 측정하여 전달하는 것'입니다.

이 경영적 의미에서 각각의 단어를 해석하면 이렇습니다. '경제 주체'는 기업의 임직원부터 가계, 각종 기관에 해당합니다. '내외부 이해 관계자'에서 내부 이해 관계자는 경영진, 이사회 등이며 외부 이해 관계자는 주주, 채권자, 정부, 투자자 등이 있습니다. '합리적 판단과 의사 결정'은 내외부 이해 관계자의 관점에 따라 다릅니다. 내부적으로는 경영실적, 전략적 방향성, 각종 인사 평가, 투자 여부 등을, 외부적으로는 투자 수익성, 채권 안정성, 과세 적정성 등을 살핍니다. '경제적 정보'는 내외부 모두 매출, 비용, 현금 흐름, 자산 등의 실적을 포함합니다. 여기에 내부적인 정보는 제품별·채널별·고객별 각종 실적과 예측치가 포함됩니다. '식별 및 측정'은 중요한 개념입니다. 경제 및 경영 활동에 대한 모든 것 중에서, 주로 화폐 단위로 계량하고 수치화해 평가하도록 하는 것을 의미합니다.

즉 회계란 기업 내외부의 사람들이 기업 경영의 다양한 의사 결정을 하기 위해 객관적이고 계량화된 수치로 평가하는 모든 활동을 포함하고 있습니다. 그렇기에 마케터도 회계를 알아야 합니다.

회계가 어려운 이유는 용어가 대체로 어려운 한자어이기 때문이기도 하지만, 사용 목적이나 정보의 범위에 따라 재무회계, 관리회계·세무회계·원가회계 등으로 복잡하게 나눠지기 때문입니다. 이중 일반적으로 활용하는 회계 정보는 재무회계와 관리회계입니다. 이 두 가지의 차이점을 간략하게 비교해 보겠습니다.

재무회계란 외부의 주주와 채권자, 정부를 포함한 모든 이해 관계자에게 정해진 양식과 기준에 따라 정기적으로 보고하는 회계 정보입니다. 과거의 경영 활동에 대해 객관적이고 유용한 정보를 제공함으로써 합리적인 의사 결정을 돕는 목적입니다. 보통 국내 기업은 K-IFRS라는 '기업 회계 기준'에 의해 작성하며, 정해진 양식과 계산 절차에 따라 '재무제표'로 전달합니다. 상장사의 경우 분기, 반기, 연 단위 등 정기적으로 공인된 기관에 정보를 공시해야 하는 의무가 있습니다.

이에 반해, 관리회계는 내부 의사 결정권자에게 기업의 내부 상황과 목적에 따라 다양한 양식과 방법으로 보고하는 회계 정보를 의미합니다. 기업의 의사 결정을 위해 과거 실적에 대한 객관적 정보 외에도 미래 예측 등에 대한 정보를 제공하기도 합니다. 재무회계와 달리 공통된 양식이 존재하지 않으며, 각 기업의 활용 목적에 따라 자체적인 용어와 양식으로 운영할 수 있습니다.

재무회계는 기업 외부의 정보 이용자가 경제적 의사 결정을 하기 위해 객관적인 정보를 통일된 기준으로 전달받는 회계 정보이고, 관리회계는 기업 내부의 정보 이용자가 의사 결정을 하기 위해 객관적인 정보를 다양한 양식과 기준으로 전달받는 회계 정보입니다. 재무회계와 관리회계에 해당하는 용어를 분류하면 더욱 이해하기 쉽습니다. 보통 주식이나 투자 관련 콘텐츠에서 말하는 레버리지, 현금흐름성, 유동자산, 고정부채와 같은 용어들이 재무회계에 속합니다. 실무에서 관리하는 제품별 매출액, 광고 효율, 패키지 부자재 비용, 물류비율 등과 같은 지표들이 관리회계의 영역입니다. 그중에서도 마케터가 사업과 브랜드, 제품을 운영하면서 필요한 기본적인 관리회계 개념만을 요약해 볼까요? 관리회계에는 아래와 같은 여덟 가지 특징이 있습니다.

1. 내부 고객과 경영자의 의사 결정을 위한 내부적인 정보로 구성됩니다.
2. 과거의 실적뿐만 아니라 변화 예측을 위한 자료로 미래에 대한 정보를 포함하고 있습니다.
3. 회계 원칙과 규정에 대한 제도적 적용을 받지 않습니다.
4. 내부 상황에 맞추어 융통성 있는 정보로 구성되어 있습니다.

5. 정보의 정확함보다 신속성이 중요합니다.

6. 전사보다 조직, 제품, 지역 등 각 부문에 관한 정보를 중시합니다.

7. 전통 회계학의 범위를 벗어나 있어 다양한 인접 과학을 이용할 수 있습니다.

8. 법적 규제로 인한 강제성이 없으므로 정보가 얼마나 유용한가에 방점을 둡니다.

신제품 출시, 광고비 증액, 가격 할인율 선정, 유통 채널 확장 같은 상황이라면 어떠한 기준으로 판단을 내려야 할까요? 가장 현명한 결정을 내리기 위해 마케터는 관리회계와 친해져야 합니다. 관리회계에 능통해지면 다양한 마케팅적 의사 결정 상황에서 '합리적이고 명분 있는 의사 결정'을 할 수 있습니다.

02 마케터의 성적표, 손익계산서

회계 정보는 주로 재무제표라는 방식으로 전달됩니다. 재무제표는 기업의 회계적인 수치를 보기 쉽게 정리한 표입니다. 기업의 재무 상태나 경영 실적을 제공하기 위해 작성하는 서류를 뜻하기도 합니다. 재무제표는 다양한 목적에 따라 재무상태표, 손익계산서, 현금흐름표, 자본변동표 등으로 구성되어 있습니다. 이 구성 요소의 대략적인 특징은 다음과 같습니다.

'재무상태표'는 기업이 특정 시점에 소유하고 있는 경제적 자원(자산), 그 경제적 자원에 대한 의무(부채) 및 소유주 지분(자본)의 잔액을 보고하는 자료입니다. 재무상태표를 작성하는 목적은 기업의 재무 구조, 유동성과 지급 능력, 환경 변화에 대한 적응 능력 등을 평가하기 위함입니다. 특히 기업의 가치를 평가하는 주식 투자 상황 등에서 유용하게 활용됩니다.

'손익계산서'는 마케터가 사업을 운영하며 가장 중요하게 봐야 하는 지표입니다. 기업의 경영 성과, 이익 창출 능력, 이익의 질, 비용 구조 등을 파악할 수 있는 '성적표' 같은 개념이기 때문입니다. 이를 통해 마케터는 특정 기간 내 기업의 수익, 비용을 확인할 수 있습니다. 각 수치는 매출, 매출원가, 판매관리비, 영업이익, 당기순이익 등의 지표로 표현합니다.

'현금흐름표'는 기업에서 특정 기간 동안 발생한 현금 유입·유출 내역을 영업 활동, 투자 활동, 재무 활동으로 구분하여 정리한 회계 자료입니다. 이 표로 기업의 현금 가용 능력과 유동성을 파악할 수 있습니다.

'자본변동표'는 특정 기간 동안의 자본 변동 정보를 보고하는 것으로 자본금, 자본잉여금, 자본조정, 기타포괄손익누계액, 이익잉여금 등이 포함됩니다. 기업에서 발생한 이익이 어떤 형태로 처리되었는지를 파악할 수 있습니다.

기업의 회계 전문가나 투자 전문가로 성장하고자 한다면 위와 같이 다양한 형태의 재무제표를 상세히 배워야겠지만, 마케터는 그렇지 않습니다. 마케팅 실무는 '손익계산서'라는 재무제표만 다룰 수 있으면 90% 이상 소화할 수 있습니다. 손익계산서는 앞서 설명했던 것처럼, 일정 기간 동안 발생한 손해와 이익을 계산하여 정리한 표를 의미합니다. 그렇기 때문에 내외부 정보 이용자가 기업의 경영 성과와 실적 등을 판단하기 위해 폭넓게 활용합니다.

다만 손익계산서도 마케팅 실무의 만능 열쇠는 아니라는 점을 기억하길 바랍니다. 손익계산서에 담겨 있지 않은 정보가 있는데, 바로 '현금흐름'과 '재고자산'입니다. 간혹 경제 뉴스나 기사에서 '흑자도산'이라는 말을 들어본 적이 있을 것입니다. 말 그대로 기업의 경영 활동으로 흑자가 발생했는데도, 비용을 지급하지 못해 도산하게 된 상태를 의미합니다. 그 이유가 무엇일까요? 바로 기업의 외상 거래로 인해 물건을 판매하는 시점과 현금이 들어오는 시점이 다를 수 있기 때문입니다. 마트에서 물건을 팔거나 식당을 운영하는 자영업 등을 제외하면 일반적으로 기업은 '신용'을 담보로 월 단위의 '외상 거래'를 주로 이용합니다. 이 개념이 거래 과정에서 협의한 대금 지급 조건 기간인 '회전일'입니다.

기업의 외상 거래를 쉽게 이해할 수 있는 예시를 하나 들어보겠습니다. 주스를 만들어 납품하는 제조사 A와, A사로부터 상품 공급 계약을 맺고 납품을 받는 유통사 B가 있다고 가정해 봅시다. 보통은 A사가 1월 1일부터 1월 31일까지 유통사 B에 납품한 물량에 대한 매출액은 해당 월인 1월로 정산되어 표기됩니다. 하지만 B사에서 A사에 지급해야 하는 대금은 매출 발생 월과 관계없이 두 회사가 사전에 계약했던 지급 조건에 따라 지불하게 되어 있습니다. 만약 A사와 B사가 상품 공급 계약의 조항을 '당월 마감 기준 90일 후 현금 지급 조건'이라고 협의했다면, B사는 1월 한 달 동안 납품받은 제품에 대한 대금을 1월 말일 기준 90일이 지난 4월 말일에 지급합니다. 따라서 A사의 1월 경영 성과의 손익이 흑자라고 하더라도, 실제로 대금을 지급해야 하는 4월까지 회사에 필요한 각종 비용을 해결할 현금을 확보하고 있지 못하고 있다면 도산할 수도 있는 것이죠.

그뿐만 아니라, 손익계산서로는 기업이 가진 재고 수준도 알 수 없습니다. 손익계산서에는 재고를 판매, 폐기, 구매한 활동을 매출, 비용, 혹은 원가 등으로 산정해 표기됩니다. 아무런 거래 활동 없이 보관만 하는 상황이라면 재고를 표기할 방법이 없습니다. 이에 따라 현재 판매 가능한 제품의 재고 수준, 완제품을 만들 원부자재 보유량, 더 이상 사용하지 못하는 불용재고량과 같은 재고 수준을 알 수 없는 것이지요.

정리하면 손익계산서를 통해 현금흐름을 보는 일은 불가능하기 때문에 기업의 현금 운영 수준을 알 수 없고, 재고의 순환이 없는 경우 기업이 가진 재고 수준 파악도 힘듭니다. 브랜드 매니저나 상품 기획자가 회사의 업무 인수인계 과정에서 손익계산서에는 나오지 않는 제품의 재고나, 원료, 불용자재 등을 별도로 체크하는 이유도 마찬가지입니다. 실제로 사용하지 못한 재고를 담당자가 폐기하는 시점이 되어서야 수면 위로 드러나기 때문입니다. 그래서 기업의 가치와 투자를 고려하는 영역에서는 손익계산서 이외에도 현금과 재고 수준 등의 정보가 담겨 있는 재무상태표나 현금흐름표 등의 다른 재무제표를 보며 크로스체크를 해야 합니다. 그럼에도 손익계산서는 기업의 사업에서 창출한 수익 성과를 가장 객관적이고 포괄적으로 볼 수 있는 재무제표이기 때문에 기업 내외부의 다양한 영역에서 폭넓게 활용되고 있습니다.

마케터가 손익계산서에 담겨 있는 내용을 해석하려면 손익계산서의 구조를 정확하게 이해해야 합니다. 손익계산서는 일정 기간 동안 발생한 기업의 '수익'과 '비용'을 모두 계산해 하나의 표 형태로 나타낸 자료입니다. 현재 경영하는 기업의 수익성을 평가하고 미래에 발생할 수 있는 수익 창출 능력도 가능한 정보를 전달하고 있죠.

일례로 개인 카페를 운영하는 경우를 떠올려 봅시다. 일반적으로 카페의 '이익'은 커피를 손님들에게 판매해 발생한 매출액인 '수익'에서 커피를 만들고 카페를 운영할 때 필요한 '비용'을 차감해 계산합니다. 이를 수식으로 표현하면 '수익-비용=이익'입니다. 회계의 개념에서는 수식의 구조를 바꿔 '수익=비용+이익'으로 표현합니다. 이를 세부 요소와 지표로 계산한 것이 바로 손익계산서입니다.

회계에서 '수익'이란 기업이 상품이나 서비스를 판매해 얻는 총금액을 의미합니다. 기업의 영업 활동에서 발생하는 금액이며, 일반적으로 매출 혹은 매출액으로 표현합니다. '비용'은 기업이 수익을 창출하기 위해 소모한 자원의 금액을 의미합니다. 제품을 만들기 위해 구매한 원자재비, 판매 인력을 고용한 인건비, 제품을 소비자에게 알리기 위한 광고선전비, 대출에 따른 이자 비용 등의 세부 요소로 구성되어 있습니다. '이익'은 수익에서 비용을 차감한 금액을 뜻하는데, 기업이 실제로 얼마를 팔아서 얼마를 벌었는지 나타내는 지표입니다. 손익계산서에는 계산 방식과 의미에 따라 매출이익, 영업이익, 경상이익 등 여러 가지 형태로 표현됩니다. 그래서 손익계산서의 3요소를 '수익(매출액과 각종 수익 항목)', '비용(원가와 각종 비용 항목)', '이익'이라고 합니다. 손익계산서는 이 세 가지를 순차적으로 더하고 빼서 수익성과 관련한 다양한 정보를 제공하고 있습니다.

손익계산서를 구성하는 첫 번째 요소인 '매출액'부터 알아볼까요? 손익계산서의 세부 항목을 층탑 형태로 표현하면 기업의 첫 수익 항목인 매출액이 가장 위에 있습니다. 표의 '매출(A)'에 해당하지요. 매출액이란 기업이 제품이나 서비스를 외부에 판매해 받은 대가입니다. 일부 글로벌 기업을 포함한 기업체에서는 매출액이 손익계산서의 가장 상단에 위치해 있다는 의미로 탑 라인(Top Line)이라는 용어를 쓰기도 합니다.

제가 CJ제일제당에 신입 사원으로 입사해 처음 수행했던 직무는

손익계산서의 구조		
매출(A)	상품이나 제품의 매출 또는 서비스 제공의 대가.	
매출원가(B)	상품이나 제품의 매출에 대응하는 매입원가나 제조원가. 서비스 수익에서는 제공을 위해 요구되는 비용.	생산/판매 및 관리활동 지표
매출이익 (C=A-B)	매출에서 매출원가를 뺀 이익. 매출총이익, 겉보기 이익, GP(Gross Profit)이라고도 한다.	
판매비와 관리비 (D)	상품이나 제품의 판매에 들어가는 판매비 및 본사활동 등에 요구되는 관리비. 축약하여 '판관비'라고도 한다. 인건비도 여기에 속한다.	
영업이익 (E=C-D)	매출총이익에서 판매비와 관리비를 뺀 것. 그 회사의 본업을 통해 번 돈을 나타낸다.	
영업외수익(F)	이 회사의 본업 이외의 일로 벌어들인 수익, 이자수익 등.	재무/투자활동 지표
영업외비용(G)	이 화사의 본업 이외의 일로 지급한 비용, 이자비용 등.	
경상이익 (H=E+F-G)	영업이익에 영업외수익을 더하고, 영업비용을 뺀 것.	
특별이익(I)	비경상적이고 일시적으로 발생한 이익.	비경상적 경영활동
특별손실(J)	비경상적이고 일시적으로 발생한 손실.	
법인세 차감 전 당기순이익 (K=H+I-J)	경상이익에 특별이익을 더하고 특별손실을 뺀 것.	
법인세 비용(L)	회사가 부담하는 법인세, 주민세 등의 세금.	납세활동 지표
법인세 차감 후 당기순이익 (M=K-L)	그 회사가 최종적으로 번 이익금 .	

사업부의 영업 실적을 분석하고 관리하는 세일즈 애널리스트(Sales Analyst)였습니다. 다양한 유통 채널과 제품으로 구성된 영업 조직의 판매 실적부터 원가, 비용, 영업이익 등의 실적을 분석하고 대응 전략을 수립하는 일을 했습니다. 월 단위의 실적 결산 보고를 할 때마다 밤 늦게까지 팀원들과 만든 수십 장의 지표 분석 보고서를 화면에 띄우고 사업부 직원들과 리뷰를 하곤 했죠. 표지를 제외하고 항상 보고서의 첫 페이지에는 사업부의 조직별, 채널별 매출액 실적을 사업 계획과 전년 실적을 기준으로 분석한 내용을 담았죠. 대부분 실적이 부진한 부서를 강하게 질책하며 개선 방안을 강구하는 걸 반복하는 회의였습니다.

언젠가 회식 자리에서 사업부장님에게 보고서의 첫 페이지 내용에 대해 질의했던 적이 있습니다. "보고서의 첫 페이지를 꼭 매출 분석으로 시작해야 하는 이유가 있을까요? 비용이나 만족도, 수익률과 같은 다른 지표로 실적 보고를 시작해서 회의 분위기를 좋게 만들면 어떨까요?"

돌아온 답변은 간결하고 명쾌했습니다.

"손익계산서가 어떻게 구성되어 있지? 회사의 이익은 결국 매출에서부터 시작해서 각종 비용들을 차감하면서 계산하지? 그런데 어떻게 매출을 분석하지 않고 원가와 비용부터 분석하겠니?"

우문현답이라는 고사성어처럼 지표 분석 보고서의 구성과 직무의 방향을 명확하게 알게 해준 답변이었습니다. 브랜드와 제품을 관리하는 마케터가 수익성이 시작되는 매출액을 우선순위에 두고 손익 베이스로 의사 결정을 해야 하는 이유 역시 손익계산서의 구조와 맥을 같이합니다. 판매되는 제품의 가격 관리, 신제품 출시, 재고 및 수급 관리, 생산 일정 등 매출과 관련된 업무가 무엇보다 중요한 이유입니다.

손익계산서의 두 번째 요소는 판매된 제품 매출에 대응하는 매입 및 제조 비용과 서비스 매출의 제공을 위해 소요된 원천 비용들을 합친 '매출원가(Cost of Goods Sold, COGS)'입니다. 그리고 매출액에서 매출원가를 차감한 이익액을 기업의 첫 번째 이익 계정인 매출이익이라고 하며, 매출총이익, 겉보기 이익, 앞 이익, GP(Gross Profit) 등과 같은 의미로 사용하고 있습니다.

카페에 비유해 볼까요? 커피 한 잔의 가격이 1,000원이고 커피를 만드는 데 사용한 원두나 컵 등의 비용을 300원이라고 가정하겠습니다. 이 커피의 매출이익은 매출액(1,000원)에서 매출원가(300원)를 뺀 700원이 됩니다. 그리고 이 커피의 매출이익률은 70%가 되죠.

여기서 잠시 'ㅇㅇ율'의 개념을 짚어 보겠습니다. 일반적으로 손익계산서를 포함한 지표 분석 과정에서 'ㅇㅇ율'은 'ㅇㅇ이 전체에서 차지하는 비율'이라는 개념으로 이해하면 쉽습니다. 그래서 'ㅇㅇ'과 '전체'를 규정하는 것이 중요합니다. 커피의 매출이익률에 대입해 본다면, 'OO (매출이익)이 전체(매출액)에서 차지하는 비중'이라고 계산하면 됩니다. 이 개념은 매출이익률뿐만 아니라 매출원가율, 영업이익률, 물류비율, 광고비율 등에도 모두 적용됩니다. 매출이익액 700원이 전체 매출액인 1,000원에서 차지하는 비중을 구하려면 700을 1,000으로 나눠야 합니다. 그 결과인 70%(700÷1,000=70%)가 매출이익률이 되는 것이죠. 반대로 이 커피의 매출원가율은 어떻게 될까요? 매출원가율은 커피의 매출원가가 전체 매출액에서 차지하는 비중입니다. 그러므로 매출원가 300원을 매출액 1,000원으로 나누면 30%라는 값이 나옵니다.

한 가지 더 중요한 것은 손익계산서에서 매출이익률과 매출원가율의 합은 항상 100%(=1)가 된다는 사실입니다. 매출액에서 매출원가를 빼면 매출이익이 나오죠(매출액 - 매출원가=매출이익). 이 수식의 구조를 바꿔보면 매출액은 매출원가와 매출이익의 합이 됩니다(매출액=매출원가+매출이익). 그래서 매출원가율과 매출이익률을 합치면 항상 전체(매출액)인 100%가 되는 것입니다. 개념적으로 부연 설명을 하자면, 매출액은 매출원가와 매출이익의 합이고 매출원가율과 매출이익률은 각각 전체 매출액에서 차지하는 비중을 의미하기 때문에, 두 비율을 더하면 항상 전체인 100%가 되는 게 맞습니다.

다시 전체 손익계산서를 살펴보겠습니다. 카페 운영에는 매장

임대료, 인건비, 매장의 유지보수 비용, 배달 수수료, 공과금과 세금 등 다양한 비용이 소요됩니다. 기업이 제품을 판매하기 위해 소요하는 비용에도 재료 구입 원가뿐만 아니라 판매와 관리를 하기 위해 투입되는 모든 비용이 포함됩니다. 기업에서는 제품과 서비스의 판매 및 관리를 위해 사용하는 각종 비용을 모아 '판매비와 관리비'라고 표시합니다. 때로는 '판관비'로 축약하여 부르기도 합니다. 재무회계 손익계산서에서는 판매비와 관리비 항목을 급여부터 반품, 충당금, 환입액까지 기업 회계 기준에서 규정한 1번~29번의 번호가 붙은 비용 계정으로 나누어 관리하게 되어 있습니다. 하지만 마케터가 확인할 관리회계는 기업 내부의 관리와 분석이 쉽도록 재무회계에서 다루는 손익계산서의 각종 계정을 기업 상황에 맞춰 자체적으로 산정합니다. 제품과 서비스의 판매 및 관리 활동을 위한 판매촉진비, 광고선전비, 물류비, 조사비, 연구개발비, 인건비를 포함한 각종 일반관리비 등을 회사마다 다른 용어와 산정 방식으로 규정하는 것입니다.

바로 직전에 기업의 첫 이익 금액인 매출이익에서 판매관리비를 차감한 이익이 바로 이 책에서 다루고 있는 손익 관리에서 가장 중요한 개념인 '영업이익'입니다. 영업이익을 구하는 방법을 수식으로 써보면 '매출이익 – 판매관리비=영업이익'입니다. 구체적으로 매출이익은 매출액에서 매출원가를 뺀 금액을 의미하기 때문에 "매출액 – 매출원가 – 판매관리비=영업이익"이라고 산정할 수 있습니다. 다시 해석하면, 손익계산서에 기입된 매출액에서 매출원가와 판매관리비를 차감하면 영업이익이 나온다는 말입니다.

모든 마케터는 사업가다

03 매출이익과 영업이익의 차이를 아는 마케터는 무엇이 다른가

제가 영업 조직에서 처음 손익계산서를 배울 때, 헛갈렸던 용어가 '매출이익'과 '영업이익'이었습니다.

'활동의 주체인 영업 조직의 담당자가 제품을 팔아서 내는 수익이 매출액이면, 매출액에서 원가를 뺀 개념이 영업이익이어야 하지 않을까?'

'왜 영업이익은 매출에서 원가와 각종 비용들을 전부 다 차감해서 계산하는 걸까?'

과거의 저와 같은 궁금증이 생겼다면 '영업'이라는 용어의 개념을 제대로 이해해야 할 필요가 있습니다. 일반적으로 영업을 판매 (Sales)의 개념으로 보지만, 회계에서 규정하는 영업의 개념은 다소 다릅니다. 영업은 한자로 '營(경영할 영)', '業(업 업)'이며, 영어로는 'Business'라고 표기합니다. 표준국어대사전에도 영업을 '영리를 목적으로 하는 사업 또는 그런 행위'로 규정하고 있죠. 회계에서의 영업은 '기업이 주된 사업 활동을 통해 수익을 창출하는 과정'을 의미합니다. 이는 제품이나 서비스의 판매를 포함한 기업의 핵심 운영을 나타내는 용어로, 판매 활동의 상위 개념으로 활용됩니다. 그래서 기업의 행정처분 중 '영업정지'가 제조정지나 판매정지보다 더 강한 행정처분입니다. 영업정지를 당할 경우 해당 기간 동안 제품의 판매뿐만 아니라 제조 및 광고도 금지됩니다.

이처럼 회계에서의 영업은 단순히 제품을 판매하는 행위만이 아니라, 수익을 창출하는 과정인 생산, 촉진, 광고 홍보 및 관리 활동 일체를 포괄합니다. 영업이익을 기업의 생산, 판매 및 관리 활동을 전부 차감한 수익성 지표로 정의하는 이유도 회계에서의 영업이 사업과 동일한 개념이기 때문입니다.

앞의 카페 예시에서 커피 한 잔을 판매하기 위해 필요한 판매관리비가 500원이라고 가정하면, 매출액 1,000원에서 매출원가 300원과 판매관리비 500원을 차감한 200원이 커피 한 잔의 영업이익이 됩니다(매출액 1,000원−매출원가 300원−판매관리비 500원=영업이익 200원). 혹은 앞서 계산한 매출이익 700원에서 판매관리비 500원을 차감해도 같은 결과가 나옵니다(매출이익 700원−판매관리비 500원=영업이익 200원). 그리고 이 커피의 영업이익률은 영업이익 200원을 전체

모든 마케터는 사업가다

매출액 1,000원으로 나눈 20%라고 계산할 수 있습니다. 즉, 커피 한 잔당 매출액의 20%가 이 카페의 영업 활동을 통한 이익입니다.

정리하면 기업이 제품과 서비스를 통해 만든 수익에서, 생산하고 판매하고 관리하는 활동에 따른 비용을 차감하고 정산한 이익이 영업이익입니다. 동시에 영업이익은 기업의 주된 사업 영역인 '본업'에서 얼마나 수익성이 높은 경영을 했는지를 판단하는 지표가 됩니다. 2024년 2월, '쿠팡 매출 31조 원, 영업이익 6174억 원… 첫 연간 흑자'라는 제목을 통해 쿠팡의 수익성이 창사 14년 만에 처음으로 플러스(+) 결과가 나왔다는 기사가 보도되었습니다. 기업 경영의 이익은 매출이익, 경상이익, 당기순이익 등 여러 가지 지표로 표현할 수 있는데도 '영업이익'을 사용한 이유가 바로 여기에 있습니다.

마케터는 비즈니스를 대신 운영하는 직무라고 했습니다. 그러므로 영업이익은 마케터에게 무엇보다 중요한 절대적 지표입니다. 그렇기에 기업의 주된 사업을 통해 발생한 브랜드와 제품의 매출액에서 원가와 비용을 차감한 영업이익을, ROAS나 콘텐츠 바이럴 수보다 훨씬 더 염두에 두어야 합니다.

저는 마케팅 실무자가 영업이익까지만 알아도 충분하다고 말합니다. 저 역시 손익 관리를 정교하게 다루는 대기업에 10년 이상 근무하면서도 영업이익보다 더 하위인 손익계정까지 다루지는 않았습니다. 그렇지만 기업의 경영에는 제품의 생산 및 판매, 관리와 같은 주된 활동 이외에도 투자 활동, 납세 활동 등이 있습니다. 여기서 그 요소들의 개념과 내용에 대해서 간략하게 짚고 넘어가 보려고 합니다.

기업의 주된 사업 영역에서 제품을 판매하고, 만들고, 관리하는 활동을 영업 활동이라고 했습니다. 그런데 기업에는 영업 외적으로 비영업적인 경영 활동도 존재합니다. 회계에서는 기업의 주된 영업 활동과 관련이 없는 수익과 비용을 각각 영업외수익과 영업외비용으로 규정합니다. 그리고 영업이익에서 영업외수익과 영업외비용을 더하고 차감한 손익을 경상이익이라고 표현합니다. 영업외수익은 일반적으로 기업의 투자에서 발생한 이자수익과 배당금수익 및 자산을 매각해 발생한 이익인 자산매각이익, 외환 거래에서 발생한 외환차익 등으로 구성되어 있습니다. 영업외비용 역시 기업의 차입금에 대한 이자비용, 자산을 매각하여 발생한 손실, 외환 거래에서 발생한 외환차손 등을 포함합니다. 즉, 경상이익은 기업이 주된 영업 활동으로 얻은 이익에 투자 및 재무 활동에서 발생한 손익을 더한 것을 가리킵니다.

우리나라 굴지의 유통기업인 이마트의 영업이익률도 1% 수준입니다. 그럼에도 우리가 이마트를 재벌 기업이라고 알고 있는 이유는 이마트가 점포를 출점하면서 매입한 부동산의 가치가 그만큼 높기 때문입니다. 하지만 이마트가 토지를 매각하는 과정에서 발생

모든 마케터는 사업가다

하는 이익금은 기업의 본업인 유통업과는 관련이 없는 비영업활동입니다. 그렇기 때문에 회계에서는 영업외수익이라는 항목으로 들어가며, 영업이익이 아닌 경상이익으로 산정하는 것입니다.

또한 기업에는 비정상적이고 일회성으로 발생하는 손익 요소도 존재합니다. 회계에서는 이를 특별이익과 특별손실이라고 규정합니다. 그리고 앞서 경상이익에서 발생한 특별이익과 특별손실을 합쳐서 법인세 차감 전 당기순이익이라고 산출합니다. 특별이익은 재해나 손실에 대한 보험금을 수령하거나, 법적인 분쟁에서 승소해 얻은 보상금처럼 기업의 지속적인 수익원으로 보기 어려운 일시적인 이익을 의미합니다. 특별손실에는 자연재해로 인한 자산 손실이나, 부채를 상환하는 과정에서 채무 불이행으로 인한 손실, 대규모 리콜로 인한 폐기로 인한 폐기손 등이 해당합니다.

기업의 영업 활동 및 재무, 투자 활동과 특별 이익과 손실금을 계산하고 나면 마지막으로 납세 활동이 남습니다. 보통 기업은 1년에 한 번 법인세를 국가에 납부해 연 단위로 정산합니다. 법인세 차감 전 당기순이익에서 일정 비율을 계산해 3월에 납부하게 되면 법인세 차감 후 당기순이익이 산정됩니다.

이렇게 기업이 일정 기간 동안 경영 활동을 하면서 발생한 각종 수익과 비용을 계산한 최종 금액이 기업의 이익금이 됩니다. 손익계산서가 영업 활동 이외의 다양한 계정을 포함하더라도 개념은 동일합니다. 결국 손익계산서의 핵심은 기업의 첫 수익원인 매출액

(Top Line)을 높이고, 생산 활동에 따른 원가와 판매 관리 활동을 포함한 각종 비용을 줄여서 순이익(Bottom Line)을 크게 만드는 것입니다.

04 마케터에게 가장 중요한 3가지 지표

대박식품의 에이스가 되고 싶은 이 대리는 연간 사업계획 보고에서 질책을 받은 후에 고민에 빠졌습니다. 그리고 지금까지 있었던 일을 만회하기 위해, 2026년 집중 육성 카테고리인 주스의 새로운 수요 확보를 목적으로 새로운 컨셉의 주스 신제품을 개발하기로 합니다. 기존 시장에 있던 과일주스를 넘어, 더욱 프리미엄한 원료와 기능성을 지닌 주스를 고급스러운 유리병에 담은 프리미엄 제품을 기획한 것입니다.

대박식품은 병 주스를 생산할 공장 설비를 갖추고 있지 않아, 국내 위탁생산(OEM) 공장을 찾아보아야 하는 상황이었습니다. 그 과정에서 이 대리는 지인의 소개로 제조 설비가 있는 중소 제조사를 소개받게 되었습니다. 출시까지 전체 일정이 촉박한 상황이라 이 대리는 개발 일정을 단축하고 싶었습니다. 그래서 시장조사와 경쟁사 분석을 빠르게 건너뛰고, 기획한 제품 스펙에 따라 용량 200ml인 유리병을 개당 원가 1,000원에 공급받기로 단번에 협의합니다. 원가 1,000원을 기준으로 매출액과 각종 판매관리비를 책정하고, 유통 마진과 부가세를 고려해서 소비자가격 3,000원에 신제품을 시장에 출시했습니다.

그런데 대박식품이 신제품을 출시한 시점과 비슷한 시기에 경쟁 브랜드에서도 유사한 컨셉의 제품을 출시했습니다. 동일한 용량과 원재료, 스펙을 사용한 제품의 판매가가 2,000원으로 대박식품의 제품보다 더 높은 가격 메리트를 제공하기까지 했죠. 이 대리의 신제품이 출시되자마자 각 판매 채널 입점과 판매에 직접적인 타격이 오기 시작합니다. 영업팀에서는 경쟁사와 동일한 가격대로 판매가를 내려달라 하고, 판매 채널과 유통사 MD들로부터 경쟁사와 균일가 행사 요청이 들어오기 시작합니다. 이 대리는 초기 입점과 취급 상황을 고려했을 때 판매가를 경쟁사 수준으로 낮추어야 한다는 판단을 내리며, 판매가 1,000원 인하를 결정합니다.

이 결정으로 인해 이 대리에게는 어떤 일이 벌어졌을까요?

이미 제품의 원가가 개당 1,000원으로 고정된 상황에 자사에서 출고하는 가격 또한 1,636원에서 1,091원으로 -545원 하락하게 되었습니다. 이로 인해 신제품 출시 계획할 당시 목표였던 8.3%의 영업이익률이 실제 출시 후 -30%로 급격히 떨어지며, 유관 부서로

대박식품 주스 신제품의 손익계산서 (단위: 억 원)

구분	계획	실적	차
판매가(+VAT)	3,000	2,000	-1,000
판매가(-VAT)	2,727	1,818	-909
마진/수수료	40%	40%	0%
매출액	1,636	1,091	545
매출원가	1,000	1,000	-
매출이익	636	91	-545
매출이익률	38.9%	8.3%	-30.6%
판매관리비	500	420	-80
판매관리비률	30.6%	38.5%	7.9%
영업이익액	136	-329	-465
영업이익률	8.3%	-30.2%	

부터 사업 운영 중단 의견이 빗발치기 시작했습니다.

3개월 후 상반기 전략회의에서 신제품 실적 보고를 받은 박 본부장은 크게 화를 냈습니다.

"어떻게 제품 운영 초기에, 광고선전비를 아직 투자하지도 않은 상황에서 영업이익이 -30%가 나올 수 있는 거야? 소비자 조사나 경쟁사 조사는 제대로 하고 출시한 거야? 원가가 1,000원이라고 해서 그대로 비용과 마진을 붙여서 판매가를 설정하면 그게 진짜 팔리겠어?"

박 본부장의 호통을 계속 듣고 있던, 같은 팀의 송 팀장이 이 대리 대신 제품 리뉴얼 방향을 조심스럽게 제안합니다.

"유리병과 지금의 원재료를 바꿔서 경쟁사 가격에 대응할 수 있는 원가로 낮추거나, 제대로 된 고급스러운 디자인과 선물용 패키지, 광고 활동을 병행해서 프리미엄한 이미지를 제공하는 두 가지 방안으로 검토해 보겠습니다."

가격 전략은 판매가만 정하는 것이 아닙니다. 조직에 미치는 손익 실적까지 예측해야 합니다. 경쟁사와 자사의 위치, 제품 원가와 소비자가를 시장 환경에 맞추어 종합적으로 설계하고 이로 인한 지표 변화 분석을 반드시 병행해야 합니다.

앞서 마케팅 직무에서는 주된 사업의 운영을 통해 발생한 수익성 지표인 영업이익이 가장 중요한 지표라고 했습니다. 마케터라면 나의 제품과 서비스의 매출액에서 제품의 원가를 차감한 매출이익, 나아가 각종 판매와 관리 활동에 필요한 판매관리비를 제외한 영업이익까지 상세하게 파악하고 있어야 합니다. 이는 마케터에게 '예산'이 아닌 '손익'을 기준으로 일하는 시각이 필요하다고 했던 것과 같은 맥락입니다. 그럼으로써 제품 원가 상승과 같은 외부 변수가 발생하더라도 다양한 선택지를 두고 고민할 수 있게 됩니다. 기존 원가와 동일하게 맞추는 방법 외에 영업이익 차원에서 사

모든 마케터는 사업가다

업의 수익성을 보호할 방법도 찾을 수 있기 때문이죠.

　손익을 베이스로 의사 결정을 할 때 마케터에게 가장 중요한 손익 지표는 결국 세 가지, 매출액과 원가 그리고 판매관리비입니다. 이번 장에서는 이 세 가지 지표를 마케터의 눈으로 자세히 알아보겠습니다.

매출액

매출액은 기업의 주된 수익원으로, 기업의 제품과 서비스를 외부에 팔아서 생긴 금액입니다.

　매출액을 설명할 때 늘 제가 이야기하는 일화가 있습니다. 저의 첫 직장이었던 CJ제일제당에서 영업지원팀에 발령받아 첫 출근을 했던 날입니다. 저의 사수라며 다가와 준 선배가 처음으로 저에게 알려준 업무 용어가 바로 매출이었습니다.

　"소선중님, '매·물·판'을 외워요. 앞으로 제일 많이 사용하는 개념이 될 거예요. 매출은 물량 곱하기 판가라는 뜻이에요."

　입사 첫날이었던 터라 잔뜩 긴장해서 무슨 내용인지도 모르고 "알겠습니다"라고 대답했던 기억이 납니다. 저의 사수는 이런 당연한 이야기를, 이 간단한 수식을 왜 그토록 강조했던 걸까요? 그 이유는 "매출액=물량×판매 단가"라는 간단한 수식만큼 매출관리의 개념을 드러내는 핵심 공식도 없기 때문입니다. 돌이켜 보면 이 수식이 영업조직의 핵심 개념이자 전부입니다. 이 수식 하나만 기억하면 매출을 늘리는 방법을 크게 물량을 늘리는 방법과 판가를 높이는 두 가지 방법으로 나눌 수 있습니다.

물량을 늘리는 방법은 곧 '더 많이 파는 방법'입니다. 더 많은 유통 채널에서 파는 방법(채널 확장), 더 많은 지역에서 파는 방법(취급 확대), 더 많은 제품을 파는 방법(신제품 출시), 더 많은 사람에게 파는 방법(판매 촉진 활동), 안 사던 사람에게 파는 방법(신규 고객 확보), 더 자주 파는 방법(빈도 확대 프로모션) 등의 전략을 생각할 수 있습니다.

판매 단가를 높이는 방법은 '1회당 판매 효과를 높이는 방법'입니다. 제품의 판매 가격을 인상하는 방법(가격 인상 효과가 판매량 감소 이상일 때), 판매 볼륨을 키우는 방법(기획 상품, 증정 행사 등), 판매 단위를 키우는 방법(번들 제품, 대량 구매 할인 행사 등)과 같은 전략이 해당됩니다.

수식의 부호를 바꿔보면 물량과 판매 단가를 활용한 다양한 분석도 할 수 있습니다. "물량=매출액÷판매 단가" 또는 "판매 단가=매출액÷물량"이라는 수식이죠. 응용하면 채널 또는 제품을 기준으로 원인을 분석하고 효율적으로 자원을 운용할 수 있습니다. 예컨대 채널별 혹은 제품별로 판매 단가가 떨어진 원인을 분석해 가격 관리를 하거나, 판매량 실적을 분석해 한정된 생산량을 보다 효

모든 마케터는 사업가다

율적으로 각 채널에 맞게 배분하고 재고를 유지하는 등 여러 상황에서 활용이 가능합니다.

매출액 = 판매량(물량, 수량)×판매 단가
판매량(물량, 수량) = 매출액÷판매 단가
판매 단가 = 매출액÷판매량(물량, 수량)

조직 규모가 크고 관리 체계가 정교한 기업에서는 매출액을 총매출액과 순매출액으로 나눠서 관리하기도 합니다. '총매출액'은 해당 기간 동안 판매된 총수량에 거래처와 계약된 약정 가격을 곱한 개념으로, 기업이 지닌 수익원의 전체 규모입니다. 이 총매출액에서 반품 금액, 거래처에 제공한 할인 금액(매출 할인, 감가, Discount, DC, 에누리 등), 특정 장려금 및 수수료 등을 뺀 금액이 '순매출액'의 개념입니다. 장려금과 수수료의 개념이 익숙하지 않은 분들을 위해 잠시 짚고 넘어가겠습니다.

장려금이란 '어떤 특정한 활동을 장려하고 촉진하기 위해 보조해 지급하는 비용'을 의미하며, 판매량 또는 매출액을 높이기 위해 유통 채널과 조율하는 과정에서 발생하곤 합니다. 장려금은 보통 정해진 금액이나 정해진 비율로 제공합니다. 종류는 상황에 따라 다양합니다. 매출 장려금(목표 매출 달성 시 제공), 판매 장려금(마진 외에 판매 금액의 일부를 성과급처럼 추가로 제공), 입점 장려금(입점 활동을 촉진하기 위한 비용), 취급 장려금(제품의 취급을 높이기 위한 비용), 성장 장려금(특정 기간 성장한 매출액의 일부를 제공), 회입 장려금(조기 대금 지급 시 할인 제공) 등이 있죠.

수수료란 '어떤 특정한 활동을 맡아 처리해 준 대가로 지급하는 돈'을 의미하며, 장려금과 마찬가지로 정액이나 정률로 제공하는 비용입니다. 매출 수수료(매출 활동 기회를 제공한 대가), 판매 수수료(판매 활동을 대행한 대가), 물류 수수료(제품을 대신 운반하고 배송한 대가), 등록 수수료(판매 활동을 위한 등록을 대행한 대가), 사용 수수료(특정 재화를 사용한 대가) 등이 있습니다.

순매출액은 '기업이 제품과 서비스를 제공하고 각종 차감액을 반영해 실제 거래처에 대금으로 받아야 하는 돈'을 뜻합니다. 실질적인 이익 창출 규모를 파악하기 위한 '매출액'이 바로 순매출액입니다.

원가와
판매관리비

매출액 이외에 핵심 개념이 바로 원가와 판매관리비입니다. 원가는 원가회계라는 회계 종류가 있을 만큼 복잡하고 방대한 분야입니다. 원가의 종류만 해도 추적 가능성, 제조 활동 연관성, 원가 행태,

모든 마케터는 사업가다

의사 결정 관련성 등 경영자의 정보 이용 목적에 따라 수십 개의 종류로 나누어집니다. 하지만 이 책에서는 마케터에게 가장 중요한 '변동원가(변동비)'와 '고정원가(고정비)'의 개념과 특징을 중심으로 전달하고자 합니다.

회계에서는 '일정 기간 동안 만들어낸 제품 또는 서비스의 양'을 뜻하는 조업도라는 개념이 있습니다. 일반적으로는 기업의 생산량이나 판매량, 매출액 등을 가리키는 용어입니다. 이때 조업도의 변동에 따라 총원가가 변동되면 '변동비'라고 하고, 총원가의 변동이 없으면 '고정비'라고 합니다.

일반적으로 회계에서 넓게 정의하는 '원가'는 상품의 제조나 판매에 소요된 재화와 용역을 화폐액으로 표시한 것입니다. 그래서 원가는 제품의 제조원가(매출원가+재고자산)와 기간원가(판매비+관리비)를 모두 합친 의미로 사용되고 있습니다. 다시 말해서 회계의 개념에서는 제품을 판매하며 발생하는 매출원가와 판매관리비가 원가라는 의미에 포함되어 같은 기준으로 관리합니다. 마찬가지로 조업도는 제품의 매출원가에서 변동비나 고정비뿐만 아니라, 다른 비용 분석에서도 활용할 수 있습니다. 판매량이나 매출액이 증가할수록 같이 증가하는 비용을 변동비, 비용 변화가 없으면 고정비라고 합니다.

카페를 운영하는 기업을 예시로 원가의 개념을 정리해 볼까요? 커피의 원두나 빨대, 컵, 배달 수수료 등은 생산량이나 판매량에 비례해 증가하기 때문에 변동비로 분류합니다. 변동비는 조업도에 따라 총원가가 동반 증가하지만, 그렇다고 그만큼 단위당 원가가 줄어들지도 않습니다. 예를 들어 카페에서 사용하는 컵의 원가가 개당 100원이고, 생산량이 100잔이라고 가정해 봅시다. 그러면 총원가는 100원×100잔=10,000원이라는 계산이 나옵니다. 생산량이 늘어나면 그만큼 총원가도 높아지겠죠. 하지만 컵의 단위당 원가는 변동이 없습니다. 물론 생산량 증가에 따라 규모 경제의 차원에서 구매할 수 있는 단위당 원가를 낮출 수도 있습니다. 하지만 이는 회계의 영역이 아니라 구매와 협상의 영역이니 영업조직 관리에서 배제해야 합니다.

반면 카페를 운영하는 공간에 대한 임차료나 직원의 인건비, 기기 렌탈료 등은 생산량과 판매량 증감에 영향을 받지 않는, 일정한 금액이기 때문에 고정비입니다. 고정비는 조업도에 따라 변동되지 않습니다. 카페 매장의 월세가 300만 원이라고 했을 때, 커피의 판매량에 따라 월세를 더 내야 하거나 할인을 받는 일이 가능할까요? 아니죠. 조업도에 따라 변동되지 않으므로 고정비입니다.

마케터는 흔히 '광고선전비'를 변동비라고 착각합니다. 전년도 연간 매출액이 100억 원인 회사에서 10억 원의 광고 캠페인을 진행하는 상황을 예로 들어보겠습니다. 광고 모델비로 3억 원, 광고 제작비로 1억 원, 광고 매체 예산으로 6억 원을 집행하는 상황입니

모든 마케터는 사업가다

다. 이 광고 캠페인을 통해 당해의 연간 매출액이 200억 원으로 두 배가 되어도, 혹은 반대로 50억 원으로 줄어들어도 캠페인 집행을 위해 지급해야 하는 10억 원의 비용은 동일합니다. 그렇기 때문에 광고나 홍보 활동을 위해 사용되는 광고선전비는 기본적으로 변동비가 아니라 고정비로 산정합니다. 마찬가지로 디지털 기반의 퍼포먼스 마케팅 비용도 광고비를 증액해도 동일한 요율로 매출액이 증가하지 않습니다. 특정 고정 비용을 투입해서 발생하는 아웃풋(매출액)의 효율을 관리하는 것이기 때문에 변동비가 아닌 고정비로 봅니다.

손익구조가 복잡한 제조업을 기준으로 했을 때, 일반적으로 변동비에는 제품의 재료비, 외주가공비, 변동 제조경비, 상품매출원가, 장려금, 관세환급금, 수배송비, 수수료, 경상기술료 등이 포함됩니다. 그리고 고정비는 변동비에 속하지 않는 고정 제조경비, 재고자산 매각 및 폐기 손익, 샘플비, 판매촉진비, 물류일반관리비, 광고선전비, 조사연구비, 연구개발비 등이 해당됩니다. 일반 관리비라고 하는 급여, 보험료, 복리후생비 등의 인건비성 비용이나 임차료, 각종 세금 등을 포함한 비용도 조업도와 관계없는 고정비로 산정합니다.

여기서 고정비와 관련해 꼭 알아야 할 부분이 '원가의 변동성'입니다. 고정비의 총원가는 조업도의 변동에 따라 움직이지 않지만, 고정비의 단위당 원가는 조업도가 증가할수록 감소한다는 점이 핵심입니다.

다시 카페를 예시로 들어 살펴보겠습니다. 고정비인 월세 300만 원을 내는 카페의 매출액이 3000만 원(1만 잔×3,000원)이라고 가정했을 때, 커피 한 잔을 판매하기 위한 월세의 단위당 원가는 300원(300만 원÷1만 잔)이 됩니다. 만약 장사가 잘되어 카페의 매출액이 6000만 원(2만 잔×3,000원)으로 두 배가 되어도, 월세는 고정비이기 때문에 300만 원이 그대로 유지됩니다. 커피 한 잔을 판매하기 위한 월세 단위당 원가는 300만 원을 2만 잔으로 나누면 됩니다. 그러면 매출액이 두 배 증가함에 따라 단위당 원가가 기존의 50% 수준인 150원(300만 원÷2만 잔)으로 감소한 것을 볼 수 있습니다. 카페의 매출액 대비 월세의 비중으로 계산해 볼까요? 기존 매출액 3000만 원에서 월세 300만 원이 차지하는 비중은 10%였는데(300만 원÷3000만 원=10%), 매출액이 6000만 원이 되면서 고정비인 월세가 차지하는 비중이 5%로 떨어지게 된 것입니다(300만 원÷3000만 원=5%).

저는 이와 같은 조업도와 고정비의 상관관계를 '고정비의 마법'이라고 표현합니다. 표면적으로는 매출액이 증가해도 고정되어 있는 원가나 비용의 총금액에 변화가 없는 것처럼 보입니다. 하지만 매출액에서 차지하는 비중이 감소하기 때문에 영업이익 금액과 이익률이 모두 향상됩니다. 한마디로 제품 한 개를 팔 때마다 들어가는 고정비용이 줄어듦으로써 이익이 늘어나는 구조인 것입니다. 그에 따라 브랜드와 제품의 수익성이 좋아지는 레버리지 효과를 얻는 것이지요. 따라서 우리는 고정비의 마법을 통해 브랜드와 제품의 손익을 좋게 하는 최고의 방법이 원가나 비용 절감이 아니라 '매출액 증대'라는 결론까지 도출할 수 있습니다.

광고선전비를 '고정비의 마법'에 대입해 한 번 더 살펴보겠습니다. 전년도 연간 매출액이 100억 원인 회사에서 광고선전비 10억 원을 투입해 캠페인을 한다면, 매출액에서 광고선전비가 차지하는 비중은 10%입니다. 만약 캠페인의 효과로 올해 매출액이 200억 원으로 증가한다면, 광고선전비 10억 원은 고정비이기 때문에 총비용인 10억 원은 변동되지 않습니다. 하지만 매출에서 차지하는 광고비의 비율은 전년의 절반 수준인 5%로(광고선전비 10억÷매출액 200억=5%)로 줄어듭니다. 따라서 최소 5% 이상 영업이익률이 개선

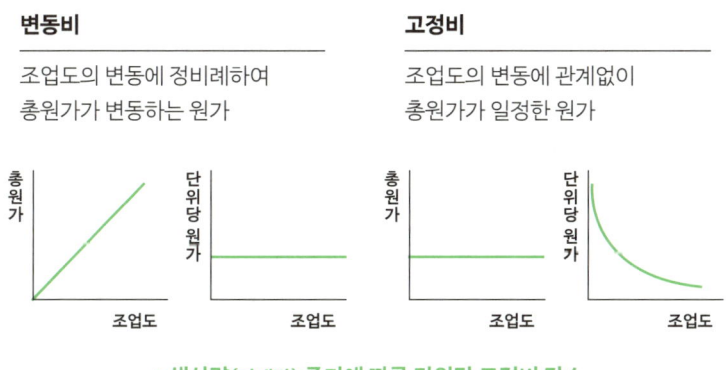

변동비
조업도의 변동에 정비례하여
총원가가 변동하는 원가

고정비
조업도의 변동에 관계없이
총원가가 일정한 원가

→ 생산량(판매량) 증가에 따른 단위당 고정비 감소

되면서 수익성도 높아지는 효과가 생깁니다.

마케터가 매출을 높이기 위해 여러 방면의 활동을 고민해야 하는 이유가 바로 '고정비의 마법'에 있습니다. 기업에는 생각보다 쉽게 줄일 수 없는 고정성 비용이 많습니다. 이는 원가나 비용을 줄이는 방법으로 수익성을 높이는 데에는 한계가 있다는 말입니다. 그래서 중견기업조차도 '경영 위기'를 타파하기 위한 비용 절감 아이디어를 제시할 때 회식 없애기, 이면지 사용하기, 연차 의무 사용하기와 같은 미미한 방안들을 내놓곤 하는 것입니다. 반대로 무작정 매출액을 높이기 위해 과도한 가격 할인이나 수수료 지급, 높은 비용이 투입되는 판촉 행사를 하는 것도 좋은 방법은 아니죠.

제품의 원가는 고정비와 변동비로 나눠지기 때문에, 제품을 판매하며 발생하는 매출액이 최소한 변동비(제품의 원가, 물류비, 수수료, 장려금 등의 합계)보다는 높아야 손해를 보지 않습니다. 회계에서는 이것을 공헌이익이라고 설명합니다. 공헌이익(Contribution Profit)이란 제품의 매출액에서 변동비를 차감하고 남은 금액이 고정비 회수에 얼마나 '공헌'하면서 이익을 만들었는가를 판단하는 지표입니다.

'고정비의 마법' 효과의 연장선상에서 보았을 때 마케터가 절대로 해서는 안 되는 선택이 바로 결품입니다. 제품을 판매하면서 변동비 이상의 수익만 있다면 '많이 파는 것'이 최소한 '제품을 판매하지 않는 것'보다는 더 큰 이익을 내기 때문입니다. 그래서 저는

모든 마케터는 사업가다

'매출액을 늘리는 것'이 브랜드와 제품의 손익을 좋게 만드는 최고의 전략이라고 단언합니다.

05 결국 얼마를 팔아서 얼마를 남길 것인가

한때는 저도 영업관리와 마케팅 업무를 위해 원가회계나 관리회계 교육을 들었습니다. 하지만 그렇다고 해서 제가 회계사 자격증을 취득한 것도 아니고, 회계사 시험을 준비했던 것도 아닙니다. 당연히 회계사보다 이론적으로 전문적인 지식을 갖추지 못했지요. 그럼에도 저는 지금 회계법인이나 회계사에게 손익 관리를 교육하고 있습니다. 그들은 왜 회계 전문가가 아닌 저에게 수업을 듣는 걸까요? 저는 그 이유를 회계사가 접해보지 못한 차별화된 경험 때문이라고 생각합니다. 마케터의 회계는 손익계산서에 나오지 않는 내용까지 다루는데, 회계사들은 제 수업을 통해 그 영역을 배울 수 있기 때문입니다.

회계관리 직종과 마케터는 손익계산서를 분석하는 시작점이 다

모든 마케터는 사업가다

릅니다. 회계사를 포함한 기업 내부의 회계관리 직종은 일반적으로 기업의 손익계산서의 가장 상단에 있는 '매출액'부터 숫자를 분석하며 관리합니다. 그러나 제품이 실제로 소비자에게 판매되는 현장의 경제 활동은 손익계산서로는 볼 수 없는 지표로 구성되어 있습니다. 마케터의 회계가 다루는 영역이 바로 이 경제 활동의 현장입니다. 그렇기 때문에 손익 관리를 잘하려면 세 가지 개념을 더 알아야 합니다. 이 세 가지 요소인 가격과 부가가치세, 그리고 유통구조를 알아보며 마케팅의 방패 파트를 마무리하겠습니다. 소비자의 구매 현장을 직접 경험해 보지 못한 마케터가 특히 취약한 영

가격과 손익지표의 구조

판매가 (+VAT)	판매가 (−VAT)	매출액 (매출단가)	매출이익 (GP)	판매가 (+VAT)
VAT				
수수료 /마진	수수료 /마진			
원가	원가	원가		
판매관리비	판매관리비	판매관리비	판매관리비	
영업이익	영업이익	영업이익	영업이익	영업이익

역이기도 한데, 그만큼 제품의 손익을 깊이 이해하는 데 도움이 될 것입니다.

가격

가격이란 제품이나 서비스를 소유하거나 사용하는 대가로 지불하는 구매 활동의 금전적인 가치를 말합니다. 여기서 제품과 서비스의 구매 활동은 소비자가 본인의 돈으로 교환하는 행위이기 때문에 단순히 마음에 들거나 좋아한다는 개념과는 구분됩니다. 여러 연구 결과를 통해 '마음에 든다'라는 선호도보다 '내가 돈을 지불하여 살 것이냐'라는 구매 의향이 10% 이상 낮게 평가될 만큼 차이가 있다고 밝혀진 바 있습니다. 제품과 서비스의 컨셉을 평가하는 소비자 조사에서 선호도와 구매 의향을 구분해서 판단하는 이유죠. 그래서 가격은 기업이 소비자에게 전달하는 강력한 메시지이자 선택을 받기 위한 교환 가치의 기준이고, 소비자가 제품 선택 시 고려하는 요인입니다. 그리고 가격은 가격 하한선인 '제품의 원가'와 가격 상한선인 '소비자가 인지하는 가치' 사이에서 여러 가지 변수와 기업의 전략에 의해 결정됩니다.

일반적으로 사용되는 결정 방식은 세 가지 정도로 축약됩니다. 가격을 결정하는 기준에 따라 원가기반 가격결정법(Cost-Based

모든 마케터는 사업가다

Pricing), 가치기반 가격결정법(Value-Based Pricing), 그리고 경쟁기반 가격결정법(Competition-Based Pricing)이 있습니다.

'원가기반 가격결정법'은 제품의 원가를 먼저 정하고 적정한 비용과 마진을 더해 가격을 책정하는 방식입니다. 제품의 목표 원가를 먼저 설정하고 여기에 비용을 더하는 방식으로 산정합니다. 최종적인 가격은 '제품 → 원가 → 비용 → 마진 → 가격 → 가치 → 소비자' 순으로 더해가는 방식으로 결정하지요. 원가를 정해놓고 쌓아가는 방식이기 때문에 기업이 마진을 안정적으로 확보할 수 있다는 장점이 있어, 제조설비나 공장을 가진 기업이 가장 선호하고 많이 사용합니다. 하지만 실제로 제품을 구매하는 소비자가 느끼는 가치를 고려하지 않기 때문에, 구매 허들에 부딪히거나 가격 경쟁력을 갖지 못한다는 단점이 있습니다.

이와 반대되는 방식이 '가치기반 가격결정법'입니다. 기업을 기준으로 가격을 산정하는 원가기반 가격결정법과 달리 구매자의 가치 지각에 중점을 두어 가격을 책정하는 방식입니다. 소비자가 갖는 가치를 먼저 선정하고 '소비자 → 가치 → 가격 → 마진 → 비용 → 원가 → 제품' 순으로 차감해 제품의 목표 원가를 산정합니다. 보통은 시장에 익숙하지 않은 새로운 카테고리의 신제품이나 기존 제품을 확연히 개선하는 신제품을 출시하는 경우에 활용하며, 소비자 조사를 통해 수용 가능한 가격과 컨셉을 파악해 가격과 원가에 반영합니다. 소비자의 가치를 사전에 점검해 보았기 때문에 비교적 현실적인 판매 가격을 책정할 수 있다는 장점이 있죠. 다만, 소비자의 실제 행동이 조사와 다르거나 기업의 마진 확보가 미흡하다는 단점도 가지고 있습니다.

두 가지 방식의 단점을 보완하는 방식이 '경쟁기반 가격결정법'입니다. 이 방식으로 가격을 산정할 때는 경쟁사들의 가격과 자사의 전략에 따라, '경쟁사 → 가치 → 가격 → 마진 → 비용 → 원가 → 제품'순으로 차감해 가격과 목표원가를 결정합니다. 중요한 부분은 앞의 두 방식과는 다르게 자사의 '전략'이 보다 구체적으로 반영된다는 것입니다. 기업이 전달하고자 하는 브랜드와 제품의 가치가 경쟁사 대비 어떤 포지셔닝을 하고 있는지를 보고 가격을 책정하기 때문입니다. 특히 기존에 포지셔닝이 정해져 있지 않은 신규 브랜드나 신제품의 경우에는 전략 방향에 따라 가격과 제품을 맞출 수 있습니다. 그래서 저는 시장과 소비자가 형성된 제품이라면 경쟁기반 가격결정법이 이들의 의견을 가장 잘 반영하는 방식이라고 생각합니다. 이 방식은 하이엔드(초고가), 프리미엄(고가), 동일가(가격은 동일하나 품질이 상대적으로 높은 경우), 중저가 침투(가격은 다소 낮으나 품질은 비슷한 경우), 저가 운영 전략의 다섯 가지 중에서 방향을 선택한 다음 그에 따른 판매 가격과 제품의 컨셉을 설정합니다. 하지만 일반적으로 기존 브랜드가 가진 소비자 인식에 따라 방향이 정해지기 때문에 유의해야 합니다.

대표적인 가격 산정 방식을 알았다면 마케터가 유념해야 할 부분이 하나 더 있습니다. '가격 전략을 세운다'라고 하면 많은 마케터가 소비자 판매가만 설정하면 된다고 오해합니다. 그로 인해 할인하지 않는 설계상의 정상 소비자가격만을 설정하고, 이 가격에 비용과 마진 등을 맞추는 것이죠. 이는 매우 잘못된 생각입니다. '가격 전략'은 다음의 절차를 모두 포함해야 합니다.

1. 경쟁 상황에서 자사 브랜드와 마케팅 전략에 따른 방향을 세울 것
2. 경쟁사 대비 전략 방향에 맞춘 소비자 정상 판매 가격과 할인율, 할인가 등의 실제 판매 가격을 설정할 것
3. 해당 가격에 판매하며 발생하는 판매량, 매출액, 원가, 비용 등을 고려해 영업이익을 시뮬레이션해 볼 것
4. 브랜드와 제품의 컨셉이 우리가 선택한 전략 방향에 맞춰 일관적으로 설정되었는지 확인할 것

부가가치세

손익 관리를 위해 알아야 할 두 번째 요소는 바로 '부가가치세'라는 세금입니다. 식당에서 받은 영수증을 자세히 본 적이 있다면 한 번쯤은 보았을 것입니다. 부가가치세(부가세, VAT, Value Added Tax)는 소비세의 일종으로, 상품이나 서비스의 생산 및 유통 과정에서 발

생하는 부가가치에 부과되는 세금입니다. 이 금액은 소비자가 부담합니다. 10,000원짜리 식사를 하고 받은 영수증을 유심히 보면, 공급가액 9,091원과 부가세 909원이 더해져 최종 금액이 10,000원이 된 것을 확인할 수 있습니다. 즉, 총결제금액(공급대가)은 내가 구매한 원래 금액(공급가액)에 10%의 부가가치세를 더해 산정된 가치입니다. 식당에서 사용하는 영수증의 양식에 따라 공급가액이라는 단어 대신 과세금액, 과세 공급가액, 과세물품가액, 부가세 과세물품가액, 과세상품금액 등으로 사용하기도 하지만 모두 의미는 같습니다.

우리나라 국세청은 부가가치세를 상품(재화)의 거래나 서비스(용역)의 제공 과정에서 얻어지는 부가가치(이윤)에 대하여 과세하는 세금으로 정의합니다. 여기서 말하는 '부가가치'란 상품을 만들거나, 거래 및 판매를 하거나, 서비스를 제공하는 모든 과정에서 창출된 이윤입니다. 일반적으로 기업이나 개인이 발생시킨 매출액이나 마진 등으로 통용됩니다. 국가마다 부가가치세의 세율이 다른데, 우리나라는 간이과세자를 제외한 개인사업자나 법인사업자에게 부과되는 부가가치세의 세율을 공급가액의 10%로 책정하고 있습니다.

마케터가 부가가치세와 관련해 흔히 하는 실수가, 총금액을 산정하는 과정에서 부가가치세를 총금액의 10%라고 계산하는 것입니다. 총금액은 공급가액에서 10%만큼의 부가가치세를 더해서 산정해야 합니다. 다시 말해 총금액의 10분의 1(10%)이 부가가치세가 아니라, 총금액의 11분의 1(9.090909%)이 부가가치세입니다. 따라서 총금액(판매액)에서 부가가치세를 뺀 공급가액(매출액)은 '판매액(+VAT)×0.9'가 아니라 '총금액(+VAT)÷1.1'로 계산합니다.

식당에서 결제한 10,000원의 영수증에 공급가액 9,091원(10,000원÷1.1)과 부가가치세 909원(9,091원의 10%)이 표시된 이유도 부가가치세가 총금액의 11분의 1이기 때문입니다. 이 '부가가치세는 총금액의 11분의 1'이라는 개념을 꼭 기억하면 좋겠습니다.

그렇다면 왜 부가가치세를 소비자가 아닌 기업이 납부하는 걸까요? 그 이유는 부가가치세가 '간접세'의 특징을 가지고 있기 때문입니다. 간접세는 세금을 부담하는 담세자(소비자)와 세금을 신고하고 납부하는 납세의무자(사업자)가 다릅니다. 그래서 소비자는 구매하려는 상품과 서비스가 만들어지고 유통되며 발생한 10%의 부가가치세가 포함된 판매 가격으로 물건을 구매하고, 사업자는 판매한 금액 중 부가가치세 금액을 신고해 국가에 납부하는 것입니다.

우리는 마케터이니 사업자 관점에서 부가가치세를 더 알아보겠습니다. 우리나라의 부가가치세 신고는 매년 1월부터 6월까지를 1기, 7월부터 12월까지를 2기로 나누어 연 2회 진행합니다. 하지만 실제 세금 납부는 분기별로(4월·7월·10월·1월) 이뤄집니다. 이는 사업자가 매출에 따라 발생하는 세금을 분기 단위로 징수해 정부가

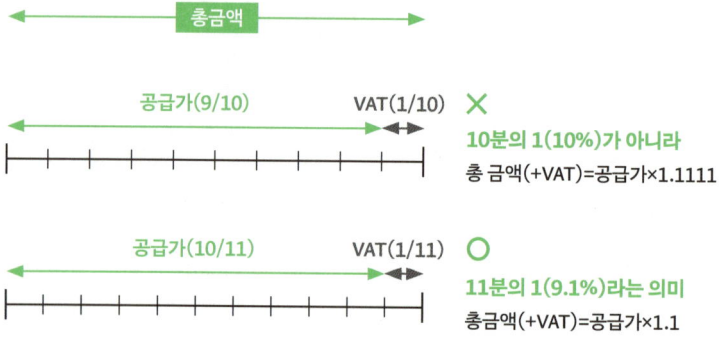

부가가치세 계산법

재화 및 용역의 최종가격에 10%의 부가가치세가 이미 포함

총금액

공급가(9/10)   VAT(1/10) ✕
                        10분의 1(10%)가 아니라
                        총 금액(+VAT)=공급가×1.1111

공급가(10/11)   VAT(1/11) ◯
                        11분의 1(9.1%)라는 의미
                        총금액(+VAT)=공급가×1.1

필요한 재원을 신속하게 확보하고, 사업자의 일괄 납부 부담을 줄이려는 의도입니다. 이때 기업이 납부하는 부가가치세는 매출로 발생한 모든 부가가치(세금)가 아닙니다. 최종적으로 납부할 부가가치세는 매출을 발생시킬 때 붙는 '매출세액'에서 상품이나 서비스를 매입하면서 지불한 '매입세액'을 차감해 산정합니다.

예를 들어 우리 기업의 이번 분기 판매한 금액이 110억 원(매출액 100억 원+부가세 10억 원)이고 원료와 서비스 비용으로 지불한 금액이 77억 원(비용 70억 원+부가세 7억 원)인 경우, 부가가치세로 '매출세액 10억 원 – 매입세액 7억 원'인 3억 원을 국가에 납부해야 하는 것입니다. 물론 회사의 매출액이나 비용을 산정하는 과정에서

모든 마케터는 사업가다

부가가치세가 포함된 금액을 계산하는 경우도 종종 있습니다. 그러나 회계에서는 부가가치세를 매출이나 비용에 포함하지 않습니다.

앞서 말한 것처럼, 부가가치세는 기업이 고객에게 부담하고 정부에 납부하는 세금이기 때문에 손익계산서에도 반영되지 않습니다. 따라서 기업의 자산이 아닌, 기업이 잠시 '보관'하는 돈이라는 개념으로 이해하면 쉽습니다. 110만 원에 물건을 판매해 통장에 110만 원이 입금되었다고 하더라도, 10만 원은 나라에 납부해야 하는 세금이기 때문에 '애초부터 내 돈이 아닌 것'이라고 여겨야 마음이 편한 것과 같은 이치입니다. 매출에 대한 금액뿐 아니라 지불한 비용 역시, 일부 부가가치세 감면을 받지 못하는 특정 계정을 제외하면 나중에 부가가치세를 납부하는 과정에서 차감받을 수 있습니다.

부가가치세를 면제받는 상품과 서비스도 존재합니다. 주로 국민의 기본적인 생활과 관련된 항목인 쌀이나 밀가루, 생수, 채소, 과일, 육류 등의 1차 상품이나 영유아용 기저귀, 여성 생리와 관련된 위생용품 등이 대표적인 면세 품목입니다. 또한, 국민 후생과 관련된 의약품, 교육 서비스, 시내버스 등의 여객운송용역 서비스, 일부 교육이나 문화 관련 서비스도 면세 항목에 해당합니다.

유통구조

마지막으로 정교한 손익 관리를 위해 '유통구조'의 개념을 정리해 보겠습니다. 유통구조를 이해하면 회계 전문 직종과는 차별화된 마케터의 회계라는 강점을 만들 수 있습니다. 유통의 사전적인 개념은 '상품과 화폐가 생산자에서 소비자까지 전달되는 일련의 과정'입니다. 마케팅 4P의 관점에서 정의하면 유통은 '상품과 서비스를 생산자에서 소비자에게 원활하게 유통하는 모든 체계적 경영 활동'이라 할 수 있습니다. 이러한 활동은 자사의 상품과 서비스를 소비자에게 전달하는 통로와 공간을 제공하고 대신 전달하는 역할로, 대부분의 산업 영역에서 반드시 필요합니다. 특히나 산업의 분업화가 심화되고 디지털과 플랫폼을 기반으로 한 온라인 상거래가 일반화되면서 '전문성'을 내세운 유통산업으로 더욱 세분화되고 있습니다.

이처럼 소비자와 제품을 연결하는 역할을 수행하는 사업 및 산업이 존재함으로써 소비자가 구매하는 가격과 기업의 매출액 사이에 '차이'가 생기게 됩니다. 일반적으로 유통업에서는 이를 '마진(유통마진)'이라는 용어로 규정합니다.

이 '차이'를 활용한 유통사의 대표적인 수익 모델이 '마진(margin)'과 '수수료'입니다. '마진'은 상품의 판매가에서 매입금액(원가)을 뺀 차액으로 유통사의 직접적인 수익원입니다. 다른 회사

모든 마케터는 사업가다

로부터 매입한 상품과 서비스에 마진을 붙여 판매하는 방식입니다. '수수료'는 소비자들이 모이는 온오프라인 공간을 판매자에게 제공하며 매출의 일정 부분을 유통사의 수익으로 가져가는 형태를 말합니다. 판매나 물류 등의 경제 활동을 판매자 대신 수행하고 청구하는 대가의 개념입니다.

제조사와 유통사의 관계로 해석하면 계정과목과 유통의 핵심 개념이 명료해집니다. '매출액(출고가, 납품가)'은 제조사의 입장에서 발생하는 금액입니다. 팔린 제품이 '나가면서' 발생하기 때문에 '나갈 출(出)'로 표기합니다. 반대로 유통사의 입장에서는 물건을 사왔기 때문에 '들어올 입(入)'을 사용해 '매입가(사입가, 원가)'라는 용어를 사용합니다. 유통사는 이 매입가에 일정 수준의 이윤(마진)을 붙여 소비자에게 판매하는데, 이때 '마진'이라는 매출액과 매입액의 '차이'가 발생하는 것입니다. 마찬가지로 소비자 입장에서는 마진을 더해 산출한 유통사의 판매가(매출액)가 '구입가'가 됩니다.

유통사와의 판매 구조에서 의외로 많은 마케터가 제품의 마진율이나 납품가격 계산을 복잡하게 생각합니다. 앞의 손익계산서 부분에서 '○○율(%)'은 전체에서 구하고자 하는 '○○'이 차지하는 비율'이라고 이해하면 간단하다고 이야기했습니다. 유통구조에서도 이 개념을 적용해 계산하면 됩니다. 즉, 마진율을 구하고 싶다면 '마진이 전체에서 차지하는 비율'이라고 개념을 정리해야 하죠. 여기서 규정하는 '전체'는 소비자에게 판매한 가격이므로 '마진율=마진

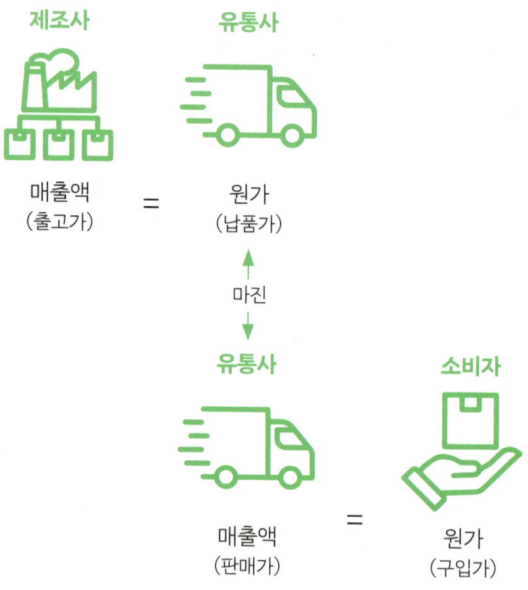

제조사   유통사

매출액   =   원가
(출고가)   (납품가)

마진

유통사   소비자

매출액   =   원가
(판매가)   (구입가)

액÷판매가'로 계산합니다. 마진은 유통사의 판매가에서 제조사의 납품가(유통사의 매입가)를 차감한 것이기 때문에, '마진율=(판매가−납품가)÷판매가'라고 계산해도 동일한 값을 구할 수 있습니다. 단, 이때 주의할 점이 있습니다. 부가가치세는 손익이 아니므로 판매가와 납품가에서 모두 제외하고 계산해야 합니다.

예를 들어 소비자 판매가가 1,100원(+VAT)인 제품의 납품가가 600원이라면, 마진액은 1,100원(+VAT)의 부가가치세를 제외한 1,000원에서 600원을 뺀 400원이 됩니다. 그렇다면 마진율은 400원을 전체 판매가 1,000원으로 나눈 40%가 되는 것이죠.

앞서 소개한 마진율을 1차 함수로 풀면 다음의 수식이 나옵니다. 납품가와 마진율을 아는 상태에서 판매가를 구해야 한다면 이렇게 풀이할 수 있겠죠. 납품가 600원(-VAT)인 제품의 자사 마진율이 40%라면, 판매가는 600원÷(100%-40%)=1,000원이 되고, 부가세 10%를 더해서(×1.1) 소비자판매가는 1,100원이 됩니다. 즉 납품가에 100%에서 마진율을 뺀 금액을 나누면 판매가가 되고, 여기에 부가가치세 10%를 더하면 최종 소비자판매가 나옵니다.

반대로 판매가와 마진율을 아는 상태에서 납품가를 구하고 싶다면, 판매가에 100%에서 마진율을 뺀 금액을 곱하면 됩니다. 마찬가지로 부가가치세를 제외하고 계산해야 한다는 사실을 기억하세요. 소비자 판매가 1,100원(+VAT)인 제품의 자사 마진율이 40%라면, 부가가치세를 제외한(÷1.1) 판매가 1,000원×(100%-40%)=600원이 됩니다.

마진율 = (판매가-납품가)÷판매가

판매가 = 납품가÷(100%-마진율)

납품가 = 판매가×(100%-마진율)

같은 맥락에서, 마케터뿐만 아니라 회계사나 회계 담당 직무자 또한 깊이 있는 손익분석을 위해 손익계산서의 가장 상단에 위치한 매출액이 아닌 '가격'을 이해해야 합니다. 소비자에게 물건이 판매되는 과정에서 발생하는 '손익계산서 위'의 항목인 유통사의 마진, 수수료, 프로모션 등에 대한 구조가 정해져 있어야, 판매 가격부터 이어지는 판매 과정의 교환 활동을 전부 이해할 수 있기 때문입니다.

다만, 손익 관리와 별개로 이번 장에서 설명한 가격, 부가가치세, 유통구조라는 세 가지 요소는 자사의 손익계산서에 표기가 되지 않는 외부 요소라는 점을 구분하길 바랍니다. 아직 납부하지 않는 일부 부가가치세 항목은 재무상태표의 유동부채 항목에 '부가가치세 납부 예정액'으로 기록되지만, 자사의 사업 성과로 볼 수는 없습니다.

많은 마케터가 신제품을 출시하는 과정에서 신제품의 판매 가격을 책정하고 손익을 시뮬레이션하는 것을 어려워합니다. 제품의 예상 판매량과 원가뿐만 아니라 판매비용도 매출액의 비율에 따라 정했는데도, 출시 전 예측치와 실제 영업이익이 많이 차이 나는 경우가 종종 발생하기 때문입니다.

이러한 경우는 대부분 손익계산서를 시뮬레이션하는 첫 단계인 '매출액' 산정부터 잘못된 것이 원인입니다. 제품이 판매될 채널별 판매 비중과 유통마진을 고려한 판매단가를 정확히 예측하지 못한 것이죠. 주니어 마케터의 경우 프로모션과 할인을 반영한 제품의 실판매 가격이 아닌 정상가를 기준으로 수익을 예측하거나, 부가가치

모든 마케터는 사업가다

세를 반영하지 않고 수익성을 계산하는 실수도 빈번히 저지릅니다.

결국 '얼마를 팔아서 얼마를 남기느냐'를 정확하게 계산하고 예측하려면, 소비자가 제품을 구매하는 '가격'과 국가에 납부하는 세금인 '부가가치세', 그리고 자사 매출액과의 차이인 '유통구조' 이세 가지부터 제대로 파악해야 합니다.

다시 태어나도
마케터라는 직업을 선택할
당신에게

바둑에는 바둑판 위에서 벌어지는 한 판의 대국을 기록한 '기보(棋譜)'라는 문서가 있습니다. 바둑알이 놓인 순서와 위치를 번호로 표시해 놓은 도면인데요. 경기에서 사용된 전략과 진행 과정 및 승패 결과까지를 기사들이 복기하며 실력 향상을 위한 중요한 자료로 사용하기도 합니다. 2016년에 이세돌 9단과 AI 알파고가 펼친 세기의 바둑 대결을 기억하고 있으리라 생각합니다. 이세돌 선수가 알파고에게 참패를 당하며 인공지능이 인간의 영역을 위협할 것이라는 결과가 나와 화제가 되었었죠. 알파고가 승리를 할 수 있었던 원인은 딥러닝을 기반으로 한 '압도적인 계산 능력과 학습량' 때문입니다. 일반적으로 프로기사는 평균 하루 3개의 기보를 익힌다고 하는데 알파고는 5주 동안 16만 개를 학습했다고 하니, 어떤 상황에서 어떤 결정을 내려야 가장 적절한지 그 '경험의 양'에서 차이가 있을 수밖에 없었던 것입니다.

"어떻게 하면 마케팅을 잘할 수 있나요?"

제가 마케팅 교육과 컨설팅을 다니면서 가장 많이 받는 질문입니다. 저는 항상 "공부하세요"라는 일관된 답변을 해드리고는 합니다. 앞서 말씀드린 기보와 마찬가지로, 마케팅이란 결국 다양한 사업적 의사 결정의 상황에서 가장 적절한 방향을 제시하고, 내외부의 사람들을 설득하고, 성과를 관리하는 일입니다. 그렇기에 그만큼 많은 '경험의 양'이 필요한 것이지요. 그래서 마케터들은 책을 통한 탄탄한 '이론적 경험', 다양한 성공 및 실패 사례를 바탕으로 한 '사례적 경험', 그리고 다른 직군 및 직급과의 소통을 기반으로 하는 '관계적 경험'이 모두 필요합니다. 파파고와 같은 번역 프로그램이 데이터가 쌓일수록 더 정교하게 문맥과 상황에 맞는 언어를 사용할 수 있게 되듯, 마케터도 경험에 각인된 데이터가 많을수록 가장 적절한 대안과 전략을 수립할 수 있게 됩니다.

한때는 저도 마케팅을 학문이라고 부르는 이유를 이해하지 못했습니다. 주니어 레벨에서는 내외부 자료조사, 스킬을 기반으로 한 오퍼레이팅 업무, 같은 직무를 수행하는 부서 내 소통을 주로 수행했기에 특별히 역량 개발의 필요성도 느끼지 못했고요. 업무를 하다가 혹시 모르는 부분이 있다고 하더라도 어렵지 않게 같은 부서의 선배나 상사에게 도움을 청하는 시기이기도 했지요. 하지만 연차가 쌓이고 직급이 매니저 레벨 이상으로 올라갈수록, 마케터가 요구받는 커뮤니케이션과 의사결정권의 범위는 훨씬 넓어지고 막중해집니다. 특히 같은 업무를 수행하며 '마케팅을 잘 이해하는' 부서 내부와의 소통에서 벗어나, 마케팅에 대한 지식과 전문성이 부족하고 '마케팅을 잘 이해하지 못하는' 다양한 내외부 이해관계자와 소통을 하는 상황이 훨씬 많아지게 됩니다. 사내 영업, 연구개발, 생산, 디자인, 구매 등 조직의 매니저와 경영진뿐만 아니라, 대표이사와 같은 최고 의사 결정자나 외부의 고객사, 언론사, 협업기관 책임자들을 대상으로 '설득' 커뮤니케이션을 해야 하는 것이지요. 이럴 때 마케터들은 어떻게 그들을 '설득'해야 할까요? 직급과 연차로 누르면 될까요? 거래관계의 지위를 활용하면 될까요? 낮은 자세로 부탁만 하면 될까요? 아닙니다. 그들이 듣고 싶어 하는 말을 캐치하고, 우리가 원하는 방향과 주파수에 맞추어 합리적이고 효과적으로 전달하는 과정이 필요합니다.

설득(說得)에는 '상대편이 이쪽 편의 이야기를 따르도록 여러 가지로 깨우쳐 말함'이라는 사전적 의미가 있습니다. 저는 설득 커뮤니케이션을 종종 '양궁'에 빗대어 설명하고는 합니다. 마치 양궁의 과녁을 조준해서 화살을 쏘고 점수를 얻는 과정처럼, 설득 역시 원하는 '방향'을 정하고 날아가는 '힘'을 담아서 높은 '성과'를 만드는

모든 마케터는 사업가다

과정이 필요하다고 생각합니다. 여기서 중요한 점은 아무리 좋은 방향으로 화살을 날린다고 하더라도, 과녁까지 도달하는 힘이 없다면 점수를 얻을 수가 없다는 것입니다. 특히 상대방의 생각을 바꾸게 만드는 강력한 '힘'은 목소리가 크고 직위가 높은 것을 넘어, 탄탄한 논지와 논거를 갖췄을 때 생긴다는 사실을 잊어서는 안 됩니다. 이런 논리적 '힘'이 앞서 말씀드렸던 이론적·사례적·관계적 경험을 통해 만들어지는 것이지요.

"김 과장은 이번 신제품의 론칭 프로모션 방향을 A안으로 생각하는 이유가 뭐야?" 만약 이러한 경영진의 질문에 단순히 잘될 것 같다거나, 차별성이 있다거나, 재밌을 것 같다고 대답한다면 과연 설득의 '힘'이 충분할까요? "이번 신제품은 새롭게 부상하고 있는 신규 시장을 경쟁사보다 먼저 공략하기 위함입니다. 따라서 '마케팅 불변의 법칙'의 제1법칙인 '선도자의 법칙'에 따라 소비자의 마음속에 있는 카테고리를 먼저 선점하는 방향의 프로모션이 반드시 필요합니다. 다른 시장에서 유사한 방향으로 출시한 국내 ○○○브랜드와 해외 □□□ 브랜드의 성공 사례를 벤치마킹하고, 과거 자사 △△△ 브랜드의 실패 사례를 답습하지 않기 위해서라도 A안이 가장 적절한 방향이라고 생각합니다. 영업 및 생산 부서와 사전협의를 통해 현장구매와 직결할 수 있는 효율적인 프로모션 활동이 되도록 철저히 준비하겠습니다"와 같은 대답이라면 어떨까요? 아마도 같은 방향을 향해 화살을 발사하더라도, 앞의 대답보다 훨씬 더 강력한 '힘'으로 과녁을 뚫고 나갈 수 있는 대답이 될 것입니다.

　마케터에게 이런 설득의 '힘'을 키우기 위한 방법은 결국 '공부' 밖에 없습니다. 마케터는 반복 숙달을 통해 성과의 효율을 높이는 기술직이나 창의적인 시도를 통해 작품을 창조하는 예술가가 아니기 때문에, 다른 사회적 경험을 배우고 활용하는 방법으로 역량을 키워야 합니다.

　저는 '마케터의 공부법'을 마케팅과 경영학의 이론, 국내외 레퍼런스를 바탕으로 한 사례, 다양한 업계와 직급의 네트워크 관계라는 3가지로 소개해 드리고자 합니다.

　하나, 마케터의 이론적인 논지를 채우기 위해 '책'만큼 좋은 방법은 없습니다. 물론 유튜브나 온라인 강의를 통해 배워도 좋지만, 사실 온라인을 통한 정보 습득은 '보는 것'이 아니라 '보임을 당하는 것'인 경우가 더 많습니다. 영상 속 강사의 말을 듣기만 하는 건 공부를 '하는 것'이 아니라 '당하는 것'에 가깝죠. 반면에 책은 내가 직접 글을 읽고, 손으로 짚어보고, 밑줄을 치면서 정보를 능동적으로 (Positive) 처리하기 때문에 훨씬 교육 효과가 높을 수밖에 없습니다. 특히 마케팅적인 논지를 키우려는 목적의 독서라면 다양한 분야의 책을 읽고 저변과 지식을 넓히는 활동도 좋지만, 소위 마케팅 바이블(명서)라고 하는 책들을 읽어보기를 권합니다. 이 책들은 유능한 마케팅 전문가들이 내세운 이론들에 대한 개념과 그로 인한 성공 사례와 실패 사례, 마케팅을 잘하기 위한 방법들에 대한 내용이 기승전결로 잘 정리되어 있습니다. 그래서 마케팅 이론에 대한 기본개념을 깊이 숙지하기에 가장 좋죠. 마케팅의 4P라고 하는 제품(Product), 유통(Place), 가격(Price), 판매촉진(Promotion) 영역에 해당되는 내용의 서적을 균형 있게 읽는다면 사업가의 관점에서 더 나은 판단을 내리는 데에 더욱 도움이 됩니다. 또한 마케팅 독서는 수필이나 소설처럼 스토리를 읽는 것이 아닙니다. 다양한 이론과 사례를 지식으로 습득하는 과정이기 때문에 공부하듯이 자세히 읽을수록 효과가 좋습니다. 밑줄을 그어가면서 되뇌고 엑셀이나 PPT로 정리하면서 두 번 이상 숙독해야 비소로 나의 지식이 됩니다.

둘, 각종 사내 보고서나 기획서 등의 문서 자료 또는 온라인 뉴스레터, 기사, 칼럼과 같은 콘텐츠를 활용하여 간접적 레퍼런스를 쌓는 방법입니다. 사내에서 보다 빨리 성과를 내고 싶다면 기존의 직원들과 선배들이 만들어놓은 자료만큼 좋은 교재는 없습니다. 연간 사업계획서, 신제품 론칭 플랜, 소비자 조사 자료, 월간 보고 자료 등을 깊게 '숙독'하고 본인의 업무에 적용할 수 있는 것들을 메모해 보며 찾아보기 바랍니다. 내 브랜드와 제품과 연관된 매출액, 판매량, 비용구조 등의 '정량적' 지표를 숙지하고 외우면 강력한 무기가 되어줄 것입니다. 숫자를 외우는 것이 힘들다면, 출력해서 들고 미팅에 참석해 보세요. 그런 행위 자체가 신뢰도를 높이는 효과를 줍니다. 외부 자료로는 자신이 하고 있는 산업군의 소비자와 경쟁사, 유통 관련 내용은 기본이고, 같은 소비자를 공유하고 있는 다른 산업군이나 매체 트렌드를 공부하는 걸 추천합니다. 또한 모바일 포털사이트의 뉴스 면에는 주요 경제지를 구독해 두세요. 그러고 나면 바쁜 출근길에 짧게 헤드라인과 주요 내용만 읽어도 마케팅 시야가 넓어지는 경험을 할 수 있습니다. 다양한 마케팅 교육회사, 광고회사, 매체사, 금융사 등에서 발간하는 칼럼이나 SNS 콘텐츠 역시 업계를 보다 깊이 있게 들여다볼 수 있는 좋은 수단입니다. 이러한 자료들은 사회적 트렌드나 인사이트를 연결하는 내용이 많습니다. 매일 조금씩, 꾸준히 '이어가는 습관'을 만들면 머릿속에 큰 숲을 그려나가면서 세상을 보는 눈을 키울 수 있습니다. 단순히 경쟁사의 신제품 출시 소식을 보는 데 그치지 않고, 몇 개월이 지나도 신제품의 판매 성과가 어땠고 왜 그렇게 되었는지를 지속적으로 추적가는 노력이 필요합니다.

셋, 지금까지의 노력보다 용기가 더 필요하지만 깊이 있는 성장을 위한 방법입니다. 다른 회사의 마케터들은 어떻게 일을 하고 있는지, 어떤 고민을 하고 있는지, 어떤 역량개발 활동을 하고 있는지 '관계'를 통해 얻는 간접경험입니다. 다른 사내 마케터들과의 휴먼 네트워크에서 시작해서, 동료들을 통해 얻는 다른 회사의 네트워크도 좋고, 아예 관계가 없던 새로운 네트워크여도 무방합니다. 마케팅 관련 교육회사나 기관, 대학교 학과나 대학원, 동호회, 온라인 기반의 커뮤니티 등에서 운영하는 모임을 이용하는 것도 좋습니다. 일반적인 마케팅 커뮤니티들은 마케팅과 관련하여 여러 주제로 온오프라인 세미나나 발표회, 포럼, 교육, 강의 프로그램들을 운영하고 있습니다. 물론 온라인 커뮤니티나 단체 채팅방을 통해 정보를 나누고, 의견을 구하고, 사례를 습득하는 활동도 좋습니다. 그러나 저는 오프라인 활동을 통해 얻어지는 관계의 힘을 얻으시기를 더욱 추천합니다. 다른 사람들의 눈높이를 통해 내 자산을 진단할 수도 있고, 훌륭한 업계 동료들에게 자극을 받고 벤치마킹도 해볼 수도 있으며, 그들이 가진 정보나 노하우를 직접적으로 얻을 수도 있기 때문입니다. '근주자적(近朱者赤)'이라는 사자성어는 붉은색을 가까이하면 붉어진다는 의미를 갖고 있습니다. 좋은 상황이나 환경에 있으면 그 좋은 영향을 받아 자신도 좋은 방향으로 변하게 된다는 뜻입니다. 마케터로써 배울 점이 있는 좋은 동료들이나 지인들은, 언제라도 내 훌륭한 마케팅 스승이 되어줄 것입니다.

그렇다면 앞서 소개해 드린 세 가지의 공부를 얼마나 해야 할까요? 안타깝게도 마케터의 학습은 정해진 총량이 없습니다. 팔레토의 법칙처럼 부단히 쌓아 올린 20%의 노력이 방출한 80% 결과로 한 계단을 오르고, 또 한 계단을 오릅니다. 법조인과 의사조차도 자격증과 경력으로 전문성을 증명하는 데에 반해, 마케터에게는 자격증도 시험도 점수도 존재하지 않습니다. 그렇다고 연차가 쌓인다고 새로운 지식이나 역량이 정비례하여 늘어나지도 않습니다. 도리어 임박상품의 기준이 될 수도 있죠. 마케터는 본래 갖고 있던 잔에 물을 채우는 일과 동시에 잔의 크기를 키우려는 노력도 병행해야만 합니다. 마케팅 공부는 자격증 시험이나 토익 점수처럼 일시적으로 집중해서 하는 것이 아닙니다. 꾸준히 계속해서 쌓아가야 합니다. 지금 이 순간도 시장과 소비자, 제품, 트렌드, 매체들이 끊임없이 변하고 있기 때문에 새로운 경험들을 쌓아가는 활동 역시 멈추면 않되는 것이지요.

제가 소개한 세 가지의 공부법은 주말, 휴일을 활용하여 '루틴을 만들어' 해야 합니다. 마케팅 공부는 데드라인이 없기 때문에, 루틴과 절박함이 없다면 항상 생활의 우선순위에서 밀리게 됩니다. 그러니 의무적으로라도 정해진 시간에 반복해서 하는 습관을 세워야 합니다. 주 5일을 근무하는 사무직을 기준으로, 주말 중 하루 네 시간은 집중할 수 있는 공간에서 규칙적으로 공부하기를 바랍니다. 토요일 오전과 오후, 일요일 오전과 오후 중 하나를 선택하고, 책과 노트북을 들고 나가 온전히 집중해서 지식을 쌓는 루틴이 필요합니다. 한 주에 네 시간이면 설과 추석 연휴를 제외하고 1년에 50주, 총 200시간이 됩니다. 한참 마케팅 역량을 쌓아야 하는 신입~5년 차 미만의 마케팅 실무자가 4년 동안 800시간의 지식과 경험을 축적한다고 가정해 봅시다. 반복적인 현업 실무만을 수행하는 경쟁자나 대체자와 비교한다면, 과연 동일한 성과와 역량이 나올까요? 800시간이라는 경험은 앞서 설명드렸던 '기보'처럼 수많은 경험의 양을 높여주는 효과를 낼 것입니다. 의사 결정의 상황에서 내 동료가 열 개의 대안 중에 하나를 선택할 때, 나는 1,000개의 대안 중에 하나를 선택할 수 있는 '정밀함'을 갖게 될 것입니다.

이런 마케터의 공부법에 이어, 마지막으로 마케터로써 역량을 키우기 위한 한가지 자세를 더 알려드리고 글을 마무리하고자 합니다. 마케팅은 무수한 경쟁재와 대체재 사이에서 우리의 브랜드가 '두드러질 수' 있는 명분을 끊임없이 고민하는 과정입니다. 따라서 저는 마케터로 살아가는 삶 역시 '마케팅다워야' 한다고 여깁니다. 마케터의 삶은 다른 사람, 다른 마케터와 '다르게 뛰어난' 모습을 가꿔가는 마인드셋을 가져야 합니다. 새로운 경험, 다양한 경력, 넓은 네트워크, 독특한 역량, 깊은 탐구능력, 색다른 취미나 특기 등이 연결되어 나를 차별화하는 요소가 됩니다. 이런 습관들이 몸에 각인되어 업무에 자연스럽게 발현될 때 '남들과 다른' 성과가 나올 수 있을 것입니다.

더욱더 치열해져 가는 비즈니스 전쟁터에서, 경쟁사를 일격에 격파하고 소비자를 감동시킬 수 있는 강력한 창 '차별화된 컨셉'과 우리의 사업적 의사 결정을 도와줄 단단한 방패 '정교한 손익 관리'를 갖추시기 바랍니다. 더불어 다양하고 꾸준한 경험을 연마하여 마케터로시 가져야 하는 '사업가의 마인드'라는 갑옷을 갖춘 전사가 되어 승리해 가기를 바랍니다.

옛 고사성어 중에 '각고면려'(刻苦勉勵)라는 말이 있습니다. '뼈에 새길 만큼 어려움과 고통을 참아가며 온 힘을 다해 노력한다'라는 의미를 담은 말이지요. 한 권의 책이 만들어지기까지 이렇게 많은 노력과 정성이 들어가는 사실을 알게 되었습니다. 이래서 '책 속에 모든 답이 있다'라는 말이 있는 것이겠지요. AI 시대에도 독서를 통한 문해력과 어휘력 향상이 가장 중요하다고 하는 이유 역시 직접 집필을 하면서 책의 위대함과 함께 깨닫게 되었습니다.

각고면려의 시간을 함축한 이 책《모든 마케터는 사업가다》는 저에게 특별한 의미를 가지고 있습니다. 저의 궁극적인 인생 목표였던 '배운 것을 나누는 삶'을 실현하게 된 감사한 기회이기 때문이죠. 그럼에도 한 권의 책에 20년이 넘는 경력과 경험을 집약한 내용을 담는 일은 마케터로 살아오며 쏟았던 노력과는 또 다른 도전이었습니다. '처음'이 갖는 의미만큼이나 쉽지 않은 과정이었기에, 책이 출판되기까지의 여정을 지지해 준 분들께 진심을 담아 감사의 마음을 전하고 싶습니다.

마케팅의 본질을 놓치기 쉬운 시대에서 마케터의 더 나은 성장을 위해 1년 반 동안 함께 고민해 주시고, 책의 방향을 이끌어준 다산북스의 임보윤 본부장님과 조은서 매니저님에게 감사합니다. '커뮤니케이션의 제1원칙은 상대방의 입장에서'라는 제 마케팅 철학을 담아, 책의 내용을 3~5년차 마케팅 실무자가 이해할 수 있는 눈높이로 재해석하며 끝까지 함께 집필을 도와준 이슬이님에게도 감사를 드려요. 도전을 멈추지 않도록 응원해 준 사랑하는 아내와 소중한 아들, 그리고 늘 전폭적인 힘이 되어주는 마케티움 직원들에게도 감사의 마음을 전하고 싶습니다.

　마지막으로 이 책이 잠시 마케터로써 길을 잃거나, 성장의 한계를 느꼈거나, 재미를 찾지 못하는 마케터 후배들에게 '유레카'를 외칠 수 있는 변화의 계기가 되기를 진심으로 바랍니다. 앞서 마케터는 힘들고 어려운 직업이라고 표현했지만, 그럼에도 불구하고 저는 다시 태어나도 마케터라는 직업을 가지고 싶을 만큼 이 직무를 사랑합니다. 오케스트라의 지휘자가 되어 훌륭한 하모니를 가진 곡을 연주하고 관객들에게 뜨거운 박수갈채를 받는 이 경험이 너무나 매력적이기 때문이죠. 여러분의 작은 업무성과 하나가, 의사 결정 한 번이, 보고서 한 장이 시장을 움직이고 소비자를 바꾸는 가슴 벅찬 경험을 해보시기를 바라며 이 글을 마치고자 합니다.

2025년 12월 마케터 소선중

모든 마케터는 사업가다

초판 1쇄 인쇄 2025년 11월 28일
초판 1쇄 발행 2025년 12월 5일

지은이 소선중
펴낸이 김선식

부사장 김은영
콘텐츠사업본부장 임보윤
책임기획 조은서 **책임편집** 조은서 **책임마케터** 지석배
콘텐츠사업1팀장 한다혜 **콘텐츠사업1팀** 윤유정, 문주연, 조은서, 여소연
마케팅사업1팀 이고은, 지석배, 최민경, 이현주, 김은지 **홍보1팀** 김민정, 변승주, 홍수경
브랜드사업본부 정명찬
브랜드홍보팀 오수미, 서가을, 박장미, 박주현 **영상홍보팀** 이수인, 염아라, 이지연, 노경은
편집관리팀 조세현, 김호주, 백설희 **저작권팀** 성민경, 이슬, 윤제희
재무관리팀 하미선, 임혜정, 이슬기, 김주영, 오지수
인사총무팀 강미숙, 이정환, 김혜진, 황종원
제작관리팀 이소현, 김소영, 김진경, 이지우, 황인우
물류관리팀 김형기, 김선진, 주정훈, 양문현, 채원석, 박재연, 이준희, 최대식
외부스태프 디자인 [★]규

펴낸곳 다산북스 **출판등록** 2005년 12월 23일 제313-2005-00277호
주소 경기도 파주시 회동길 490 다산북스 파주사옥
전화 02-704-1724 **팩스** 02-703-2219 **이메일** dasanbooks@dasanbooks.com
홈페이지 www.dasan.group **블로그** blog.naver.com/dasan_books
용지 스마일몬스터 **인쇄** 민언프린텍 **코팅·후가공** 제이오엘앤피 **제본** 다온바인텍
ISBN 979-11-306-7345-5 (03320)

다산북스(DASANBOOKS)는 책에 관한 독자 여러분의 아이디어와 원고를 기쁜 마음으로 기다리고 있습니다.
출간을 원하는 분은 다산북스 홈페이지 '원고 투고' 항목에 출간 기획서와 원고 샘플 등을 보내주세요.
머뭇거리지 말고 문을 두드리세요.